Roman Froz

con Andrea Mercurio

Il partigiano della breakdance

Dalla Russia ad *Amici*,
dalle strade ai grandi palchi

CAIRO

ISBN 978-88-309-0415-6
Prima edizione: settembre 2024

IL PARTIGIANO DELLA BREAKDANCE

Prologo

Non riesco a distinguere le persone che ho attorno. Una fitta rete di braccia mi si intreccia davanti e addosso. Sento mani tra i capelli, sulle spalle e dietro la schiena, che mi colpiscono entusiaste, come se volessero investirmi del loro affetto, facendolo passare dai pori che trasudano felicità. Sono il nuovo campione italiano di breakdance!

«Roman, Froz, come ti senti?»

Nell'intreccio familiare si infila il microfono di un giornalista, che distinguo a fatica perché ne ho diversi puntati contro, ciascuno accompagnato dalla voce del suo possessore.

«A chi dedichi questa vittoria?»

«Te l'aspettavi?»

«È un successo italiano o russo?»

«Biglietti per favore.»

«Come? Può ripetere?» chiedo prendendo dal mucchio l'ultima richiesta che ho sentito.

«Mi mostra il biglietto, per favore?»

«Il… biglietto? Ah sì, certo. Tenga.»

Che peccato, è il controllore, stavo sognando così bene. Forse nemmeno dormivo. Con la fronte appiccicata al finestrino, negli occhi chiusi scorrevano le immagini proiettate dai miei sogni. Sono sul regionale Milano-Ancona, diretto a Cesena per il Cypher italiano 2011, l'evento a cui Red Bull ha invitato i sedici migliori ballerini italiani. Io sono uno di loro. Sono uno dei sedici migliori ballerini italiani. Me lo ripeto da un mese e mezzo, da quando ho ricevuto la mail che me l'annunciava, convocandomi per il campionato italiano. Da allora ho iniziato a fantasticare sull'epilogo della manifestazione, immaginando la faccia e i pensieri increduli di tutti quelli che non avrebbero mai scommesso un centesimo su di me, sbattendogli sul muso il titolo che mi qualifica come «uno che vale», «uno che sa fare qualcosa e la sa fare bene», un «professionista», un «vincente». Un titolo che, però, non ho ancora conquistato. Anzi, non sono arrivato a Cesena e dubito persino di raggiungerla in tempo, data la lentezza di questo treno. Corre come un tram a cavalli e, a giudicare dai rumori, è pure malandato. Gli sbuffi dell'impianto meccanico, a ogni frenata, sembrano fiato sputato dalla simpatica locomotiva a vapore dei cartoni animati con occhi, naso e bocca. Casimiro! Quello che portava l'elefantino Dumbo. Ecco chi mi ricorda. Lamenta di essere stanco, è appesantito dall'eccessivo numero di passeggeri evidentemente inconsapevoli delle più elementari norme della civile convivenza. Parlano ad alta voce, ascoltano la musica senza cuffie, mi masticano nelle orecchie, un bambino piange e il genitore lo sgrida in dialetto, sollevando un robusto e minaccioso braccio così sopra la testa da farmi vedere e, purtroppo, sentire l'alone stomachevolmente espanso all'altezza dell'ascella. La seconda classe raccoglie quelli che, come me, non possono permettersi la prima e quelli che non hanno trovato posto nella carrozza bestiame.

La Red Bull ti permette di arrivare il giorno prima solo se abiti a una certa distanza e Milano è dentro i confini dell'area in cui è possibile andare e tornare in giornata. Io avrei voluto arrivare in Emilia Romagna un giorno prima, per concentrarmi ed essere riposato all'inizio della competizione, ma chi ce li ha i soldi per l'albergo? I miei arrivano a malapena a coprire il viaggio sulla rottamabile carretta delle Ferrovie dello Stato.

Finalmente lo sbuffo del trenino Casimiro è definitivo, almeno per me. «Stazione di Cesena.» La voce metallizzata degli altoparlanti è liberatoria. Sono arrivato, ma in terribile ritardo. Devo correre al Teatro Verdi.

Ci entro trafelato, impiegando qualche respiro prima di fornire le generalità alla hostess, che mi rilascia un pass da appendere al collo, contenente tutto ciò che c'è da sapere: Red Bull BC One. Italy Cypher. 23 aprile 2011. Roman Froz.

Il main sponsor della manifestazione è il brand che forse più di tutti ha investito nel breaking. Dopo aver dato il nome a competizioni di sport estremi, ha debuttato in questa disciplina nel 2004, con il primo campionato del mondo chiamato Red Bull Breakdance Championship One. Da allora non raccoglie solo i migliori atleti del mondo, ma conferisce dignità e rispetto a un'attività che non era neppure considerata tale.

«Quelli che si annodano per strada», come qualcuno ci definiva vedendoci roteare con la schiena sul marmo delle piazze, oggi sono atleti, con tanto di badge che lo attesta.

Io afferro il mio, e ringrazio la hostess con la mano, perché i polmoni stanno ancora facendo rifornimento dopo aver esaurito il carburante nella corsa dalla stazione. Mi guardo intorno, giudicando la location con un sorriso eccitato. Il palco è grande, perfetto per ballare. Durante le prove, appuro che mani e piedi hanno una buona presa. Le rotazioni sono fluide. Osservo gli altri atleti, alcuni con visibile interesse, altri nascostamente, con la coda dell'occhio mentre fingo di allacciarmi le scarpe già saldamente annodate. Anche loro guardano me. Ci conosciamo tutti e, nella pausa che precede l'inizio delle gare, ciascuno distingue sui volti degli altri una tensione identica alla propria.

È una gara One to One, uno contro uno. Un duello con i muscoli al posto delle pistole e le mosse per pallottole. Il primo fa i suoi passi e, quando finisce, l'altro risponde sparandogli contro il meglio del proprio repertorio.

Il mio avversario è un ballerino noto per la musicalità e l'originalità dei suoi movimenti. È forte, ma ce la posso fare. Ho una tecnica migliore e posso vantare più entrate sceniche da sfida. Lo guardo come fa il cowboy a mezzogiorno, davanti al saloon, mentre si solleva la polvere e i corvi sorvolano il perimetro del duello. È mio. A differenza dei film western, però, dove regna il silenzio accompagnato dalle note di Morricone in sottofondo, qui il deejay alza il volume a palla. Dio mio, che male. Mi scoppia la testa. La mancanza di sonno e le urla del bambino e di suo padre, su quel treno scomodissimo, mi hanno lasciato una cefalea per ricordo.

«Sei pronto, Froz?» Il presentatore aspetta un mio cenno per attaccare.

No. Non lo sono neanche lontanamente, ma come faccio a dirglielo? Mi convinco in fretta di esserlo e alzo il pollice nella sua direzione. «Vai!»

Pensavo peggio. Me la sono cavata. Dopo questa, tra me e il titolo ci sono solo altre tre sfide. Poi potrò sfoggiare tutti i ringraziamenti e i discorsi che mi sono preparato in treno. Prima, certo, devo superare questa. Vediamo che fa il mio duellante.

Bum. Bum. Bum. Ha esploso dei passi più potenti dei miei.

Non c'è uno sceriffo che attesta l'assenza di pulsazioni nella vittima per dichiarare il vincitore, qui ci sono tre giudici che alzano i cartelli, mostrando il nome dell'atleta a cui attribuiscono la preferenza.

In nessuna delle tre c'è scritto Froz.

Ho perso. Il campionato italiano di breakdance, per me, è durato meno di due minuti. Il mio illusorio castello di festeggiamenti è stato spazzato via. Era fatto di cartapesta. Non ci ho messo la sostanza dell'impegno e della concentrazione. Non quella che avrei dovuto, almeno.

Non c'è nessuno che mi abbraccia, nessun microfono rivolto nella mia direzione, nessun trofeo da mostrare agli obiettivi. Solo un addetto alla sicurezza che mi indica l'uscita. Devo già tornarmene a casa.

Non so se è peggio il pugno nello stomaco del risultato o la prospettiva di riprendere il regionale fino a Milano. Esco dal Teatro con una borsa che pesa il doppio di quella che tenevo in spalla all'andata. Dentro c'è una memorabile lezione di ferro. Per la foga del riscatto, mi sono sentito arrivato ancora prima di partire. Sono andato troppo avanti, mentre è il caso di fare un passo indietro. Devo tornare dove tutto è cominciato.

1

Se colpisci mille palline al giorno, non puoi non diventare il campione del mondo.

Il padre di Andre Agassi ne aveva fatto il mantra della propria esistenza e di quella del figlio che dimostrò la validità del metodo. Il mio di padre, Alexander Gorskiy, aveva una convinzione simile ma non riguardava me, bensì mio fratello e mia sorella. Non fa niente se sei stanco o sei hai male, ciò che conta è allenarsi e bisogna portare a casa il risultato. Come dire: se non soffri non puoi ottenere nulla, e mio fratello e mia sorella se lo ricordano bene. Il Tennis, a casa nostra, è una religione, così importante da muovere l'esodo familiare alla volta della terra promessa. Alla fine degli anni Ottanta, papà era l'allenatore della Nazionale sovietica femminile, ma il crollo dell'Unione Sovietica produsse una crisi economica senza precedenti e anche lui, come milioni di persone, decise di trasferirsi. Mamma lavora in una clinica oculistica, meta di molti pazienti italiani, per cui ha imparato la loro lingua.

«Dobbiamo andarcene da Mosca» annuncia papà

frugandosi nelle tasche vuote, quando c'erano da pagare le bollette. Non essendoci Paese al mondo in cui si parli il russo, ripiega sull'alternativa conosciuta da mia madre. «Tutti mi dicono che in Italia si sta bene» gli rivela. «Dei pazienti sarebbero persino felici di accoglierci nel caso decidessimo di stabilirci là.»

«Italia?» elabora rapidamente lui. «Panatta, Pietrangeli... non è male.»

C'è chi valuta un Paese dalle risorse economiche e chi dal patrimonio artistico, dalla cultura e dal clima. Il parametro di mio padre è l'albo d'oro della Coppa Davis. Se ci sono tennisti italiani di valore, significa che si può praticare questo sport.

«Andiamo là.»

Proprio come un profeta il sommo Gorskiy punta il suo bastone sulla costa pugliese e ci porta a Conversano, in provincia di Bari, dove un circolo di tennis è pronto a offrirgli un lavoro. Ci arriviamo una mattina di maggio del 1993.

Sembra agosto. Non so se i popoli desertici subiscano la stessa escursione termica, ma per me è come passare dal frigo al microonde. Rispetto all'aria russa siberiana, quella del Sud Italia è un phon puntato addosso, anche se ci vuole poco ad apprezzarne la piacevolezza, estesa anche al Paese e alla sua popolazione. Le vie sono strette, con tanti negozi e monumenti storici, tra cui la cattedrale, il punto più alto della città, che si erge nella piazza principale. I suoi venticinquemila abitanti sono l'equivalente di un quartiere di Mosca e sembra si conoscano tutti. Conversano è bella, accogliente, mi piace stare qua. Un po' meno il fatto che non conosca nessuno e che non abbia amici. Il nostro «tempio» è il circolo di Montecarretto, dove papà ha iniziato a lavorare.

Il van con il nome del centro stampato sulla fiancata passa a prendermi tutti i pomeriggi ed è lì che mi faccio i primi amici, salgo a bordo, saluto gli altri allievi, più o meno della mia età, e resto in silenzio finché non arriviamo. Nonostante mia madre abbia tentato di insegnarcelo già quando stavamo a Mosca, sono partito da zero nella conoscenza dell'italiano che, devo ammetterlo, in quattro mesi è cresciuta molta. Certo, non lo parlo fluentemente come loro e, pur avendo otto anni, devo ricominciare le scuole elementari dalla prima.

«Ciao, papà.»

Lo saluto passando davanti al suo campo, dove si trova già dal mattino. Lui ricambia alzando la mano che non impugna la racchetta, senza tuttavia distogliere lo sguardo dalla sua allieva, nella parte opposta.

«Ci vediamo tra poco.» Non lo dice, ma è quello a cui allude la sua occhiata, che anticipa la seduta personalizzata che mi attende dopo quella collettiva.

Il mio programma d'allenamento è abbastanza semplice: riscaldamento, palleggi e qualche gioco a punti. Una passeggiata. Se però finisse qui. A differenza dei miei compagni, una decina, che ultimata la sessione se ne tornano a casa, io inizio il vero allenamento o, meglio, addestramento. Fiato, atletica, potenziamento muscolare. Dopo due ore leggere a praticare sport, quello che dovrebbe essere, ne passo altre due a esercitare una disciplina, quello che è il tennis per papà. È molto dura, e preferirei fare qualcos'altro.

Gli altri bambini hanno scelto di essere qua, a me nessuno l'ha mai chiesto e, semmai l'avessero fatto, non avrei saputo cosa rispondere perché non conosco altri modi di praticare un'attività sportiva. Nella mia famiglia esiste solo il tennis. Mio fratello maggiore, Max, è stato campione dell'Unione Sovietica nella categoria under 12. Ha quattordici anni e, come mia sorella Polia, che ne ha nove, diventa presto una promessa del tennis italiano. Non potrebbe essere altrimenti, dato il rigore con cui siamo tenuti ad applicare i comandamenti di questo sport con valenza universale. Le regole comportamentali, infatti, si applicano in casa prima ancora che sul campo. La ferrea legge di papà impone di contribuire alle faccende domestiche. Siamo tutti membri della stessa famiglia e ognuno deve fare la sua parte. Io, per questo, ho iniziato a lavare i piatti a cinque anni, inerpicandomi su uno sgabello per arrivare al lavandino. Puliamo i pavimenti a turno, scopiamo, spolveriamo. Tutte attività che non venivano presentate come mansioni domestiche, ma come esercizi propedeutici allo sport.

«Ma che cavolo c'entra lavare i piatti con lo sport?» chiedo.

«È una questione di sacrificio» replica papà «di umiltà, rispetto, dedizione. Valori che fanno la differenza anche in campo, ma non è da lì che nascono. Prima di essere un valido sportivo, devi essere una valida persona.»

Sarà, ma io vorrei essere un po' «meno valido» e divertirmi come gli altri bambini. Mentre loro si scambiano figurine o giocano con i videogame, io, tre volte alla settimana, devo correre per cinque chilometri con Max e Polia, nelle torride giornate estive, quando la temperatura supera i quaranta gradi.

Mio fratello guida il gruppo, seguito da mia sorella. Io, a una bella distanza da loro, incespico nella lingua a penzoloni che mi fa lo sgambetto. Questa, almeno, è l'impressione che ho in una sorta di delirio mistico causato dal caldo e dalla fatica. Punto nell'orgoglio, però, cerco di stare al passo, pur insinuando una tentazione nella loro mente rigidamente programmata: «Ehi, che ne dite se camminiamo un po'? Poi diciamo a papà che abbiamo corso per tutto il tragitto. Evitiamoci questo sforzo inutile, dai. Tiriamo un po' il fiato, non lo saprà mai nessuno».

«Sì, è vero» concorda parzialmente Max «non lo saprà mai nessuno. Ma noi tre sì. Corri.»

Giovanni Falcone. Questo è il nome della mia scuola elementare. L'hanno intitolata al magistrato che, poco più di un anno fa, ha perso la vita per difendere la giustizia, per il suo alto senso del dovere, per amore del suo Paese. Uno di noi, insomma. Sì, perché in Russia il concetto di madrepatria è molto radicato nei suoi figli, in tutti coloro che ci sono nati e, in suo nome, le portano fiero devoto rispetto.

Il dovere individuale, invece, è minacciato dalla divisa scolastica. Il grembiule blu mi fa apparire goffo, sciocco, ridicolo. Non mi piace, non lo voglio mettere.

«Devi» mi viene imposto.

Uffa. Vabbè, almeno mi protegge da tutto quello che mi arriva addosso a scuola come tempere e pennarelli.

Mi ci abituo in fretta, tanto che arrivo persino a trovarlo piacevole. Non è più la grottesca vestaglia anonima blu, ma la divisa unificatrice di un gruppo. Mi fa sentire parte di una squadra in cui mi sono pienamente integrato con rapidità, anche nella comunicazione linguistica. I bambini sono spugne ricettive. Apprendono molto più velocemente degli adulti e io parlo l'italiano già meglio di alcuni calciatori nati qui, ma cerco di tenerlo nascosto. La presunta incomprensione della lingua, infatti, mi giustifica dal mancato svolgimento dei compiti e mi esonera dalle interrogazioni, se si possono ritenere tali le domande della maestra agli alunni di prima elementare.

«Roman, hai fatto i compiti?» mi chiede.

«*Net Uchitel, mne ne khotelos.*»

«Non capisco» mi si rivolge comprensiva. «Puoi dirmelo in italiano?»

«No, maestra, non ne avevo voglia.» Questa sarebbe la traduzione letteraria, ma sono sufficientemente scaltro da non rivelarlo e dissimulare le mie intenzioni: «Non sapevo farlo».

«Oh, non ti preoccupare» mi soccorre «ti aiuto io.»

Vado avanti con questa tattica per circa un mese, finché, durante un intervallo, ho una disputa verbale con un compagno.

«Non mi hai fatto niente, faccia di serpente» parte lui.

«Non mi hai fatto male, faccia di maiale» ribatto, ma lui rincara: «Sei povero, hai la scarpa rotta».

«E tu sei un figlio di mignotta» chiudo per le rime. Match point, ma l'arbitro annulla.

«Ah, ma allora lo sai parlare bene l'italiano.»

La maestra, sbucatami alle spalle, ha sentito tutto. Ora mi tocca fare i compiti come tutti gli altri. Dovrei anche stare attento in classe, però non ce la faccio e non perché sia distratto.

«Roman!» strilla l'insegnante. «Svegliati!»

Mi sono addormentato. Ancora. Succede spesso, soprattutto al lunedì. Provo a spiegarle che faccio sport a un certo livello, che tutte le mie giornate sono divise equamente a metà tra scuola e campo da tennis e che, al pomeriggio, sono costretto ad allenarmi per molte ore. Questo mi produce una stanchezza che non riesco a smaltire durante la notte.

«Bella storia, ma non ci casco» pensa. Un bambino di otto anni non può essere sottoposto a una disciplina così rigida. E invece...

Tutte le domeniche, mentre i bravi bambini si vestono bene per andare a messa, papà ci fa indossare maglietta e pantaloncini per sottoporci ad allenamenti individuali. Max e Polia si preparano ai tornei, con una preparazione settata sul loro livello. Io mi sciroppo lo stesso lavoro, ma senza avere l'obiettivo di una competizione. Loro faticano per battere gli avversari, per vincere un torneo, per scalare i gradini della classifica. Io mi faccio il mazzo gratis. Non ho fini motivazionali e questo grava pesantemente sulla testa e sul corpo, aggiungendo un carico psicologico alla stanchezza che non avrebbe bisogno di altro per essere tale. Come se avessimo una pena da espiare, papà ci porta sulle tribune di cemento del campo da calcio vicino. Quaranta gradoni. Gradoni, cioè gradini di mezzo metro ciascuno. Su e giù per cinquanta volte. Altro che espiazione, è un vero e proprio martirio. Mi piacerebbe decidere di non farlo, ma non posso. Devo pagare il prezzo della mia vocazione sportiva e così mi metto l'animo in pace. Su e giù. Su e giù. Zitto. Non so da quanto salgo e scendo, non tengo il conto. Mi immergo senza pensieri in quel quadro fisso e cromaticamente monotono, con il grigio dei gradoni spezzato da poche pennellate di verde che l'erba del campo a fianco sparge su una tela di sudore. A un certo punto non sento nemmeno più le gambe.

Una domenica mattina, la maestra Pia, con altre sue colleghe, fa una passeggiata in bici fino al campo sportivo. Accostata davanti alla rete di recinzione, mi vede sul campo, senza maglietta e sudatissimo, impegnato in una serie di dritti e rovesci che si susseguono al ritmo degli imperativi paterni.

«Ancora, ancora, ancora. Dritto, dritto, rovescio. Dai!»

Cercando ristoro in un sospiro evasivo fuori dal campo, giro lo sguardo verso la rete e la vedo. Mi ha riconosciuto e, con la mano timidamente sollevata, mi lancia uno schivo sorriso solidale.

«Scusami» sembra dirmi «adesso so che dicevi la verità.»

Mi concede così qualche minuto di sonno sui banchi, dal quale mi scuote la campanella dell'intervallo, facendomi scattare improvvisamente rinvigorito.

Colleziono biglie e un giorno, per pavoneggiarmi, ne porto in classe un barattolo pieno. La maestra, scoprendomi a contarle durante la lezione, me le sequestra.

«Ah sì?» penso con tono di sfida. E il giorno dopo, sotto il banco, ho un altro barattolo, forse persino più capiente. I miei compagni sghignazzano. Sono ormai completamente integrato nella I E, anche se qualche volta, come succede tra bambini, si litiga.

Durante un intervallo, ho un battibecco in corridoio con un bambino più grande, che mi dà una spinta. Sto per reagire quando tra me e lui si frappone una bambina.

«Perché non te la prendi con quelli della tua età?»

«Polia» intervengo «lascia stare.»

«Sì, Polia» attacca l'altro. «Torna nell'insalata russa.»

Due secondi dopo è per terra. Mia sorella, restituendogli la spinta, lo guarda dall'alto.

«Tornaci tu, dato che sei un pisellino.»

Polia ha nove anni, ma il carattere e il carisma di un'adolescente autoritaria. Se qualcuno alza la voce con me, lo fa con lei e con tutta la nostra famiglia. Se nostro padre lo fa con noi, è proprio per irrobustirci, in modo che nessun altro possa sottometterci. Quando mi trovo in qualche discussione con i miei coetanei, arriva lei ad alzare la voce e a mettere in riga i miei contendenti. È una combattente. Deve aver preso dal nonno.

2

Cane e gatto. Germania e Unione Sovietica. Lo stesso modo per definire coppie incompatibili tra loro. Fino al 1939. Poi il cane copre i denti e il gatto ritira gli artigli, il ministro degli Esteri tedesco e quello sovietico, Molotov, siglano il patto di non aggressione con cui si impegnano a non invadersi a vicenda, dopo una veloce ascesa del nazismo e il rischio di una grande guerra in Europa.

«Ma sai che c'è?» pensano in Germania due anni dopo. «C'ho ripensato. Invadiamo l'URSS.»

Il 22 giugno 1941, Molotov lo dice alla radio, l'unico mezzo a disposizione per la comunicazione massiva. Annuncia la cosiddetta «Operazione Barbarossa», condannando l'attacco tedesco e invitando i sovietici alla reazione, alla difesa della patria contro l'aggressione straniera. Il popolo accoglie in pieno il messaggio e reagisce. A migliaia si arruolano volontariamente per la Grande guerra patriottica. Non Guerra mondiale. Quello è il nome scritto sui libri di storia negli altri Paesi del mondo e usato dai giornali di tutte le nazioni fuori dall'area sovietica. Da noi si chiama Grande guerra patriottica, perché sottolinea il sacrificio e l'eroismo del popolo per fronteggiare l'invasione nazista, ma non solo. È una lotta per la sopravvivenza del socialismo, per la difesa dell'identità nazionale e culturale.

«Io parto.»

Semion Kantor ha diciassette anni e accetta la sfida, cogliendo il sostantivo usato sapientemente da Molotov nel suo discorso informativo e motivazionale. È mio nonno, nato nel 1924 a Kamenets-Podolsk, nell'attuale Ucraina occidentale, lo stesso anno della morte di Lenin.

Suo padre, come tutti i sovietici impiegati nell'industria nazionalizzata, lavora in fabbrica e gioca a scacchi. Lo fa per denaro, perché individua gli scacchisti ricchi e li spenna. Scacchisti ricchi, ovviamente stranieri. Perché nell'Unione Sovietica non è possibile essere ricchi. Così come non è possibile essere poveri. Tutti lavorano, tutti hanno ciò che serve. Qualcuno un po' di più, certo, qualcuno un po' meno: la leggenda dello stipendio uguale per chiunque è vera quanto quella dei comunisti che mangiano i bambini.

Non c'è nessuno che non abbia un'occupazione, ma non tutti hanno le stesse qualifiche e la stessa paga. Chi ha studiato, chi ha maggiori competenze guadagna di più. Magari poco di più, ma comunque di più, non abbastanza, però, da generare una forbice sociale, un divario tra classi, con il mantenimento del principio di uguaglianza, non solo formale.

Quando la sua famiglia si sposta a Mosca, nella capitale vivono solo trecentomila persone. Il due per cento della popolazione che avrà la capitale qualche decennio dopo.

Sta giocando per strada con una palla di pezza e, con i suoi amici, accerchiando un passante munito di radio, sente le parole del ministro.

«Io vado volontario» annuncia ai genitori, che non si scompongono. Certo, sono preoccupati, ma condividono lo spirito patriottico e sono persino orgogliosi della coraggiosa scelta del figlio non ancora maggiorenne.

Parte e va a scavare le trincee anticarro, vicino al confine con la Bielorussia, poi, quando la zona viene evacuata, si trasferisce da due suoi zii che erano insegnanti di matematica. Uno, a capo della brigata di artiglieria, muore nel 1944, quando il nonno, diciannovenne, studia tedesco, in modo da poter interrogare i prigionieri, guadagnandosi il ruolo di interprete del battaglione 357 di paracadutisti, che gli salva la vita. Già, perché Stalin dice che servono più divisioni di fanteria e chiama quindicimila uomini a combattere sul fronte, accorpando anche il suo reparto. Lui, essendo l'unico interprete, quindi necessario altrove, resta lontano dalla prima linea e solo per questo non finisce come tutti gli altri. Tutti gli altri che, col fucile in mano, muoiono sotto i colpi nemici.

Un giorno si allontana dal centro del campo e vede, appena oltre la recinzione, un gruppo di soldati tedeschi acquattati. Si avvicina per sentire cosa dicono, stando ben attento a non farsi scoprire. Passa da un cespuglio all'altro, facendo anche qualche metro sui gomiti per non uscire dal limite delle foglie che lo nascondono.

Stanno montando un mitra. Sono pronti a fare fuoco. Non appena i suoi compagni usciranno in cortile saranno sterminati.

«E adesso che faccio?» si chiede.

Abbassa gli occhi sulla cintura, cercando una soluzione tra le armi agganciate. C'è una pistola, ma non la può usare. Dopo il primo colpo sparato, verrebbe raggiunto da una raffica di reazione. Lui è uno solo, loro sono una decina. Appesa sull'altro fianco, c'è una granata. Non l'ha mai usata. Non ha mai usato un'arma, a dir la verità, fuori dalle esercitazioni. Ripassa mentalmente le fasi dell'addestramento: impugnatura salda, rimozione del dispositivo di sicurezza, deciso movimento del braccio per lanciarla, mettersi in posizione di riparo per non subire l'effetto della detonazione nell'istante in cui la bomba, a contatto con la superficie, esploderà.

Mentalmente è tutto chiaro. Metterlo in pratica, però, è un'altra cosa. Ci sono degli esseri umani davanti a lui, che non sembrano avere la stessa attenzione verso i suoi connazionali. Tacciono improvvisamente. Capiscono che qualcosa nel campo si sta muovendo. I soldati sovietici stanno uscendo. L'occhio del mitragliere è fisso nel mirino. Il dito è sul grilletto. Quando vedrà dei nemici, sparerà. È questione di secondi e aprirà il fuoco e morirebbe tutta la squadra che è andata in avanscoperta.

«Impugnatura, rimozione, lancio deciso. Impugnatura, rimozione, lancio deciso.» Nonno si ripete le fasi, più per convincersi ad agire che per tenerle a mente.

«*Hier sind sie.*» Eccoli, dice uno in tedesco.

Semion afferra la granata. Toglie la spoletta. Punta i tedeschi. Gliela lancia contro. Muoiono tutti all'istante.

Viene insignito della medaglia al valore militare.

«Nonno» gli chiedo «ma non te ne potevi stare a casa?»

«Io?» domanda perplesso.

«Sì» confermo.

«A casa?»

«Sì.»

«Ma sei matto? Io sono il mio Paese e se il Paese viene attaccato, lo devo difendere. Mi devo difendere.»

«Sì, hai ragione» commento, passando poi a un ricordo più leggero: «Ma raccontami di quando hai conquistato la nonna camminando sulle mani».

«A scuola facevo molta ginnastica acrobatica» attacca pescando le parole dai ricordi che esplora con lo sguardo verso l'alto. «Facevo salti all'indietro, parallele, rondate, mulinelli sul cavallo. Gareggiavo per rappresentare la mia scuola e ho vinto molte competizioni. Vedevo spesso una ragazza, nella piazza davanti a una chiesa, a cui si accedeva tramite una scalinata. Un giorno la percorsi al contrario.»

«Dalla chiesa alla piazza?» chiedo.

«Sì» ripete «dalla chiesa alla piazza, ma quello lo sanno fare tutti. Così mi capovolsi letteralmente e scesi i gradini reggendomi sulle mani. Dovevo farmi notare.»

«E ha funzionato» dice con una risata orgogliosa.

Quella ragazza, infatti, oggi è mia nonna.

Nel 1993 è andata in pensione, dopo essere stata veterana del lavoro nell'URSS. Ha fatto tutto per la patria nonno Semion e non la lascerebbe per niente al mondo. Non verrà con noi in Italia.

«Noi andiamo in Italia, nonno. Mi mancherai.»

«Anche tu. Ma tanto ci rivediamo, no?»

Calascion, ciò ciò, chin d mmerd. In due anni non ho imparato bene solo l'italiano, ma anche il dialetto pugliese. Se devo dare del tonto, del chiacchierone o del «pieno di m...» a qualcuno, lo faccio come i ragazzi che sono nati qui. E quando parlo col nonno al telefono, il *dasvidania* mi esce con l'accento di Bari.

«*Ue, u frà!*»

«*Ce vue?, recchje d gomm?*»

Questo, talvolta, è l'incipit delle chiacchierate tra amici, che sento nella piazza di Conversano. Vado d'accordo con tutti. In classe sono quello che attira l'attenzione perché faccio la verticale al muro, al cambio dell'ora.

«La maestra ha detto che non si può» mi riprende una ligia compagna. A me, però, piace essere quello un po' fuori dalle regole, un po' alternativo, persino trasgressivo. E poi non riesco a stare fermo, mi muovo di continuo. Dopo due ore seduto, la campanella mi libera come fa lo starter con un centometrista ai blocchi di partenza. Alla fine delle lezioni corro a casa, per uscire un attimo dopo e andare in piazza, dove incontro una nutrita compagnia.

Giochiamo con le biglie, talvolta andiamo a casa di qualcuno a vedere i film in VHS, collezioniamo schede telefoniche, con cui, più tardi, iniziamo a chiamare le ragazzine dalle cabine. Uno fa il numero, sudando per l'eccitazione, l'apprensione, il nervosismo, quel misto di sensazioni che accompagna i primi approcci sentimentali, e gli altri, fuori, lo scimmiottano.

«Ohhh amore… mi manchi… bacio bacio…»

Ascoltiamo tanta musica nelle audiocassette su cui registriamo così tante volte che, alla fine, i pezzi, messi uno sull'altro, finiscono per mixarsi da soli. E poi, naturalmente, si gioca al Game Boy, la mia ossessione.

Polia e Max sono dei campioni. Sui campi da tennis collezionano una vittoria dietro l'altra. Io non sono bravo come loro, ma mi godo il loro successo e beneficio dei loro premi. Mio fratello ha vinto trecentomila lire a un torneo. «Trecentomila lire» ripeto incantato quando me lo dice. E chi li ha mai visti? Ci si possono fare un sacco di cose, ma una su tutte è la più importante e necessaria: comprare il Game Boy.

Il Sacro Graal è finalmente a casa nostra. Lo venero alla mattina, appena sveglio, e la sera, quando vado a letto. Ovviamente è di Max, ma il suo uso è permesso a tutti e tre. Oddio permesso, diciamo conteso. Tolta la naturale precedenza del legittimo proprietario, che fortunatamente, essendo più grande, è più impegnato di noi, io e Polia ci alterniamo quasi alla pari nel nostro gioco preferito: *Super Mario Land 2.*

Quando tocca a me, mi estraneo, entro in un'altra dimensione. È come se il tempo si fermasse e quella spensieratezza eludesse i margini temporali della fisica.

Non è da tutti avere il Game Boy, chi ce l'ha è il re della propria compagnia e io sono trattato dai miei coetanei col rispetto dovuto al degno possessore. Come se avessi estratto la spada di Excalibur, il Game Boy ha scelto me. Certo, in realtà è di mio fratello, ma è uguale. Quello che è suo è mio, a casa nostra si usa così. A eccezione del talento. Quello non può essere ceduto e io, sui campi da tennis, non ho né il suo né quello di mia sorella, nonostante mi alleni come un marine.

«Papà» confesso «il tennis non mi ha preso. Vorrei cambiare sport.»

Pensavo si arrabbiasse, invece mi sorprende.

«Capisco. E cosa vuoi fare?»

Fortunatamente non è come il padre di Agassi e mi lascia libero di scegliere, purché pratichi un'attività.

Ho visto dei film sulle arti marziali, con Jackie Chan e Van Damme. Mi sono gasato. «Posso fare karate?»

«Sì, puoi. Fai karate.»

Mi iscrivo nella palestra Linea 2000 e, anche se all'inizio non sono proprio come Van Damme, i miei muscoli si allungano, si irrobustiscono. La mia mente assimila l'importanza della concentrazione, dell'immediatezza delle azioni da scegliere. È uno sport decisamente utile e formativo anche fuori dal tatami.

A volte, nel tempo libero, vado di nascosto alla sala giochi in piazza Battisti a fare qualche partita a *King Of Fighters*. I gettoni costano duecento lire e posso permettermene alcuni. Faccio un po' fatica a usare bene i comandi perché ci arrivo appena, ma non è un problema. Trascorro comunque ore a guardare gli altri. A guardare e imparare. A guardare e assorbire per osmosi. Se vedo qualcuno in grado di fare ciò di cui non sono capace, non mi scoraggio, anzi, sono stimolato a riprovarci.

«Se lo fa lui, posso farlo anch'io.»

Da lì a poco, però, il mondo degli Arcade sarebbe

finito, per far spazio a una rivoluzione tecnologica senza precedenti. Si sente sempre più spesso parlare del computer, così come di altre novità che arrivano da una non precisata parte del mondo. Nella seconda metà degli anni Novanta, girano voci che in città sia sbarcata una nuova moda giovanile, lo yo-yo.

«Cos'è?» domando incuriosito.

«È un attrezzo di giocoleria composto da due coppette in plastica» mi spiegano «un cuscinetto metallico centrale e un filo di cotone, che si fissa alla base del dito medio da un'estremità e allo yo-yo dall'altra. Lo lasci andare e si riavvolge su sé stesso. Tu lo fai scendere e lui sale.»

Non posso perdermi questa novità. Un aggeggio che spinto a terra non ci resta, ma quando tocca il punto più in basso prende lo slancio per arrivare in alto.

«Non è un gioco» penso. «È una figata pazzesca!»

3

Certo che è strano come nome per un negozio: Pzez. È il soprannome del proprietario, Francesco Renna, uno sportivo accanito, un innovatore e visionario. Tutto ciò che va di moda per le strade di New York finisce nel suo negozio e fa di Conversano un quartiere della Grande Mela. Molti lo considerano addirittura un maestro di vita, uno street guru, come il maestro Miyagi per Karate Kid o Jiraiya per Naruto, solo che l'avversario che insegna a combattere lui è la monotonia di un paese di venticinquemila abitanti sulle colline delle Murge.

Non è stato difficile trovarlo, è bastato chiedere a un ragazzo che maneggiava lo yo-yo dove l'avesse comprato. A segnalarlo, da lontano, non è un'insegna luminosa o un cartello sulla strada, ma un folto gruppo di persone che ci staziona davanti.

«È quello?» chiedo al mio amico Claudio.

«Sembra di sì. Andiamo a vedere.»

Non riesco a credere ai miei occhi. Ci sono almeno una trentina di ragazzi con uno yo-yo in mano davanti alla sua vetrina. Se fosse una trovata pubblicitaria sarebbe geniale, impossibile resistere alla tentazione di provarlo.

«Come si gioca?» domando a uno di loro.

«Non stiamo giocando» puntualizza. «Ci stiamo allenando.»

«Allenando per cosa?»

Mi spiega che il proprietario rilascia un patentino, con tre gradi di livello: oro, argento e bronzo, attestati dall'adesivo dello stesso colore apposto dopo il superamento della relativa prova di abilità. Li guardo ammirato. Sono tutti impegnati, come se si stessero preparando per una competizione importante. Sudano stando fermi, facendo salire e scendere questo oggetto i cui colori sembrano tradurre la personalità del possessore.

Quello giallo, per esempio, riflette l'allegria tracimante dal sorriso aperto di un biondino tredicenne. Uno più grande, vestito da metallaro, ne maneggia uno nero. Riescono a creare evoluzioni tali da assimilare questo «gioco» a una danza o uno sport. Tutto con due semisfere di plastica e un filo. Devo averlo! Ho convinto i miei genitori ad acquistarmene uno. Mio padre non ha minimamente capito di cosa si tratta, eppure mi ha accontentato al solo vedere la mia incontenibile eccitazione. La sua espressione riflette il giudizio sull'inutilità di quell'oggetto, ma per me ha tutt'altro significato.

Arrivo da Pzez con i soldi giusti ed esco dal suo negozio con il mio nuovo yo-yo blu chiaro, come i miei occhi.

Guardo gli altri e cerco di riprodurre i loro movimenti. L'idea di superare un esame per avere un riconoscimento visibile, che ti qualifica tra i praticanti di questa attività, mi galvanizza. Dopo un paio di settimane di allenamenti intensi, che mio padre definirebbe «pomeriggi trascorsi con un coso in mano», riesco a prendere l'argento e vivo il momento in cui Pzez attacca l'adesivo sul mio patentino come la consegna di un trofeo. Mi sento figo. Aver conseguito un risultato, per quanto oggettivamente futile, dopo essermi preparato partendo da zero, mi stimola. Sento di poter fare qualunque cosa e sono pronto ad accogliere la prossima entusiasmante novità che passerà dalla vetrina di quel negozio. È un luogo di ritrovo per appassionati di sport e discipline non convenzionali. Ci puoi passare ore anche senza comprare nulla, guardando semplicemente ciò che vorresti possedere, con l'acquolina in bocca di un goloso in una pasticceria. Ci vado ogni pomeriggio, quando non ho gli allenamenti di karate, con Claudio. Io e lui ci siamo presi subito. Letteralmente. Come accade non di rado alla nostra età, il primo incontro è stato un litigio, a scuola. Prendersi a botte è il modo più rapido e profondo per conoscersi. Ci si scambia forza, coraggio, paura, rispetto, emozioni che a questa età sono la nostra identità. I pugni sono diventati strette di mano, le prese da wrestling si sono evolute in un abbraccio.

Condividiamo molto, tra cui la passione per Pzez e le attività che promuove. Francesco, il proprietario del negozio, si rivela da subito una persona carismatica dal cuore morbido. Sa di avere influenza su ragazzi poco più che bambini e la esercita in modo responsabile, assecondando passioni che, al primo impatto, sono solo passatempo, ma in realtà forgiano il carattere di chi è pronto a sacrificarsi per uno scopo, di chi vive l'attrazione della sfida come una forza magnetica, capace di sviluppare la crescita con la volontà di spingersi sempre oltre il livello raggiunto, per migliorarsi costantemente. Un semplice yo-yo è l'occasione per mettermi alla prova e a tredici o quattordici anni non è che ce ne siano molte, soprattutto in un piccolo paese. Non solo per l'approvazione e la conseguente gratificazione per il riconoscimento di un'abilità, ma anche per il conseguimento di un risultato che mi avvicina a mio fratello e mia sorella. Voglio essere come loro, ma nel mio ambiente.

«Dove sono gli altri?»

«A casa» mi aggiorna Claudio. «Con la Play.»

Non passa molto tempo e lo yo-yo viene ingoiato dall'ingorda tecnologia. La PlayStation ha strappato dalla strada un consistente numero di ragazzi, confinandoli tra le mura della propria camera, davanti alla televisione, complice il freddo dell'inverno. Tutte le mode, del resto, sono destinate a finire, tramutandosi in quella successiva. Perciò lo yo-yo, dopo la pausa PlayStation, è diventato il Diablo, un articolo di giocoleria dalla forma di clessidra, il cui principio è simile al predecessore, ma con il filo esterno. Poi sono arrivati lo Snake e lo Skateboarding. Pzez è una finestra sul mondo. Dalla collina pugliese ci si può affacciare sulle strade del Bronx che si snodano tra i suoi scaffali con le ultime novità e un giorno, proprio lì vicino, vedo qualcosa di grandioso.

«Cos'è 'sto rumore? Sembra che qualcuno stia battendo con un martello su un tubo metallico. Andiamo a vedere.»

Giriamo l'angolo e vediamo tre ragazzi con dei pattini in linea che saltano su un tubo inclinato, scivolando dalla parte più alta a quella più bassa. Francesco (Pzez) ci spiega le loro evoluzioni: «Ogni trick ha un nome e ogni pattino una caratteristica diversa dall'altro, così come le ruote che monta».

«Cos'è un trick?» domando incuriosito.

«Il trick è un'evoluzione, una mossa» chiarisce con pazienza. «Salti, giravolte, acrobazie. Tutto ha un nome. Vedi quello, per esempio? È un "360", una rotazione completa di 360 gradi.»

«E quello?» chiedo indicando un ragazzo che si lascia scivolare.

«Quello è grind» fa lui, specificando che, di solito, questa disciplina si pratica in aree particolari, gli skatepark, ma, in assenza di queste, anche un capannone dismesso di Conversano può andare bene.

Ne sono ammaliato. Avevo già visto gente che pattinava, ma non mi aveva trasmesso niente. Questi hanno uno stile più aggressivo e dinamico. Voglio saperne di più e interrogo uno dei ragazzi coi pattini: «Scusa, come si fa?».

«Come si fa?» fa eco lui, accontentandomi. «Non posso spiegartelo a parole. Devi mettere un paio di pattini e provare.»

«Un paio di pattini. Ok, grazie.» Mi servono subito, quindi mi congedo in fretta e corro a casa. «Papà, mi compri i pattini?»

«Un'altra novità?» ribatte lui con l'aria sconfitta di chi, nonostante la tenue rimostranza, sa già che accontenterà il proprio figlio.

«Sì, papà, compra i pattini» mi sostiene Polia.

«E compraglieli» rincara mia madre.

È accerchiato. Non può dire di no. Il giorno dopo si va tutti al negozio, da cui esco con un paio di Rollerblade da fitness. Sono completamente diversi da quelli che servono per compiere le più acrobatiche evoluzioni, ma devo accontentarmi. Ho già ottenuto fin troppo. Certe spese sono un extra che la mia famiglia non può permettersi con frequenza. Lo so bene, quindi prendo il modello che ho e lo trucco come fanno i meccanici con i motorini. Svito, piego, sostituisco parti, riavvito, cerco di renderli più simili possibile a quelli che ho in mente per i miei scopi. Il risultato, ovviamente, è scadente, ma mi diverto lo stesso. E pure tanto.

Non me li tolgo mai. Anche alla Linea 2000, la palestra in cui faccio karate, due volte alla settimana, ci vado sempre e solo con i pattini. Li levo solo quando indosso il kimono e la cintura via via più colorata, ma solo perché il maestro non ritiene sportivo dare i calci con le rotelle.

Mi sono affacciato su un mondo nuovo che, a differenza dello yo-yo, è ufficialmente riconosciuto, con veri e propri campionati, circuiti di gare in tutto il mondo e grandi marchi come sponsor.

È una moda che travolge tutti in questo periodo, non solo la mia piccola città. Si vedono ragazzi pattinare ovunque, seppur in modo tradizionale. Ragazzi che, quando incrociano noi, si voltano a guardarci, perché noi lo facciamo in modo completamente diverso, forse un tantino spericolato.

«Arriva una Fiat Tipo, Polia, prendila!»

Io e mia sorella ci attacchiamo alle macchine e scrocchiamo un passaggio per sfrecciare nella città, attraversando il mondo, il mondo reale, quello della nostra immaginazione, perché niente è più vero di quello che puoi sognare.

Level 2. Sembra di stare in un videogioco in cui vengo proiettato inserendo i piedi nei pattini, invece dei gettoni nel case. Devo quotidianamente superare un livello, aggiungere trick, elaborare acrobazie sempre più evolute e complesse. Il numero dei praticanti si è allargato rapidamente e il nostro gruppo conta già una decina di ragazzi. Mancano le strutture e noi ne improvvisiamo l'identificazione dove possiamo. Come i bambini che con due giubbotti come porta creano un campo da calcio in mezzo a una strada, noi facciamo uno skatepark dove vediamo tubi, muretti, lastre di marmo. Riusciamo anche a recuperare quanto serve in termini di equipaggiamento, perché, dopo il boom della moda dei pattini, molti negozi hanno iniziato a venderne gli articoli, diventando sempre più forniti. Tra questi, noi andiamo frequentemente, quasi in pellegrinaggio, da Mad Max, uno shop alternativo in stile *urban street*, con prodotti griffati da marchi famosi come Energie o Pit Stop. Io non dispongo di capitali per foraggiare questa passione quanto vorrei, ma il supporto non mi manca. Mamma è una grande sostenitrice del mio nuovo hobby. Ogni mattina, quando mi saluta, mi offre un bacio, una bottiglietta d'acqua e una parola di incoraggiamento.

Anche mio padre, pur essendo molto impegnato col tennis, inizia a seguirmi, quando riesce, con molto interesse. Non capisce granché di quello che faccio, ma vede che ci metto tanta passione e quello gli basta per condividerla, anche se non nasconde qualche preoccupazione quando mi vede salire sulle ringhiere e scivolare per le scale sui corrimano. Ammetto un po' di spregiudicata incoscienza, prodotta dalla costante ricerca del limite e dall'impegno per superarlo. Gradini e marciapiedi non mi bastano, quindi cerco sempre nuove superfici da affrontare con i pattini. In un paio d'anni le ho percorse praticamente tutte, sempre a caccia di una nuova sfida, sollecitato anche dai racconti di Francesco.

Pzez riporta storia di skater che compiono imprese in tutto il mondo, parla di gare che ha visto e alle quali ha partecipato, creando una sorta di nuvola su cui affondare estasiati. È un piccolo paradiso per noi e, un pochino, anche per lui, visto che ci vende pattini, ruote, telai e tutto quello che serve per modificare i nostri. Se fosse un ricambista d'auto, grazie a lui avremmo trasformato una vecchia Panda in una Lamborghini.

Con noi, Francesco ha creato una comunità forte e solidale. Ci scambiamo consigli, trucchi, insegnamenti; impariamo ogni giorno qualcosa di nuovo. Il pattinaggio in linea non è solo uno sport, ma un modo di vivere. È libertà, sfida, creatività e divertimento. Io inizio anche a partecipare a piccole gare locali, via via più estese per competizione e territorio. In quelle regionali mi confronto con i più audaci pattinatori della Puglia. Ci sono anche classifiche ufficiali e io, piano piano, ne scalo i gradini, arrivando a una rispettabile posizione che conferisce serietà al mio passatempo.

Anche Polia e Max pattinano, con meno intensità di me, perché maggiormente impegnati col tennis rispetto a quanto io lo sia con le arti marziali. Ci sono gare in cui ci troviamo insieme e, con i miei genitori presenti, riuniamo la famiglia in uno skatepark. Chi l'avrebbe immaginato quando, non molti anni fa, abbiamo lasciato Mosca? Se qualcuno ci avesse detto che da lì a qualche anno avremmo partecipato tutti e tre a gare di pattinaggio, saltando sui tubi, in un piccolo paese distante tremilaquattrocento chilometri, l'avremmo preso per pazzo. E invece siamo qua, uniti nello sport, anche se, almeno per il momento, non è quello a cui papà ci ha avviato.

Anche lui ama pattinare, soprattutto sul ghiaccio, come mio fratello. Da queste parti, però, non è semplice trovare strutture per farlo e una domenica mattina mi aggrego a loro per andare a Monopoli, dove c'è un palazzetto adatto. Mi porto dietro anche Claudio. Noi, al ghiaccio, preferiamo l'asfalto, anzi, il metallo dei tubi, il ferro dei corrimano nelle scale, qualunque superficie solida, purché abbia un'inclinazione sufficientemente adrenalinica. Ne individuo una: «Guarda che bella rampa!».

Salto con i pattini sulla sommità del piano inclinato. Molto inclinato. Mi piace. Affido a Claudio il via, così da caricarmi ulteriormente, trattenendo le energie fino al segnale che le libera.

«Scendo?»
«Scendi!»
«Ahhh.»
«Roman. Oh, Roman! Ti sei fatto male? Roman!»

4

Io ti spiezzo in due.

Lo sport in Russia, agli occhi degli italiani, è quello mostrato con la lente distorta di *Rocky IV*. Palestre futuristiche, iniezioni di sostanze di dubbia provenienza, Gorbačëv che se non vinci ti spedisce nello spazio come Gagarin, ma senza navicella. A calci nel culo. Hai voglia a spiegare che non è proprio così. Nessuno punisce gli sportivi che tradiscono l'onore russo con una sconfitta, tantomeno Gorbačëv che non è più presidente dal 1991, un anno dopo aver ricevuto il premio Nobel per la pace, ma questo non lo sa (o non se lo ricorda) nessuno. È più cinematografico rappresentarlo come il cattivo con la voglia di Russia sulla testa.

Quanto allo sport, poi, «scordatevi le palestre di Ivan Drago» spiego ai miei compagni di scuola. L'unico doping, dalle mie parti, è la disciplina ferrea che in Italia, per ragioni anche storiche, politiche e sociali, non può essere concepita con altrettanto rigore. Chiunque abbia un nonno come il mio, e di conseguenza anche un padre come il mio, non può praticare un'attività se non con il massimo impegno e una dedizione maniacale. Qualunque sia, non importa quale livello raggiungi ma la dedizione che ci metti. Lo sport è uno specchio del carattere, ce l'abbiamo nel DNA. Non si molla mai, neppure con il gesso.

Mi sono fratturato il radio. Un male allucinante, per cui volevo gridare, ma Claudio mi imponeva il silenzio per evitare allarmismi che avrebbero avuto conseguenze punitive.

«Sssssh, non gridare, se no ci scoprono.»

«È quello che voglio, vai a chiamare mio padre!»

«Ma sei pazzo? Così viene a sapere che abbiamo fatto una cazzata.»

«Vuoi lasciarmi agonizzante per salvarti la pelle? Vai a chiamarlo, per favore!»

«Ma magari non è niente...»

«Vai a chiamarlo, cazzo!»

Sarà stato per l'imperativo o per il volume con cui è stato sentito anche a Bari, ma l'ho convinto. Papà ha aspettato che venissi curato, prima di farci la ramanzina. Pensavo di prendere un paio di sberle, non più forti di quelle che mi dà per curare il mio mal di scuola, alle medie, ma questa volta la passo liscia anche perché l'infortunio è serio e mio padre mi assiste totalmente.

Dopo una settimana ho già i pattini ai piedi. Il gesso al braccio mi fa da gancio sulla ringhiera delle scale. Lo fisso al corrimano e mi lancio giù, sollevando le gambe.

Poi, un po' per il gesso, un po' per l'inverno, un po' perché la vita ha il suo disegno imperscrutabile che, talvolta, richiede l'uso della gomma, il pattinaggio viene lentamente cancellato. La compagnia si disunisce, ciascuno è preso da altri interessi. Io non trovo il mio. È lui che trova me. In modo completamente inaspettato, con il telecomando in mano, ha spento la noia di un pigro pomeriggio e mi ha acceso la vita.

«Chiamatemi Ismaele. Qualche anno fa – non importa ch'io vi dica quanti – avendo poco o punto denaro in tasca e niente che particolarmente m'interessasse a terra, pensai di mettermi a navigare per un po', e di vedere così la parte acquea del mondo.»

Non c'era niente di particolarmente interessante a terra e poco (o punto) denaro in tasca, così, il capitano Achab è salito a bordo del *Pequod*. Questo è l'incipit di *Moby Dick*, il romanzo di Herman Melville, che, da quel momento in poi, racconterà di un uomo ossessionato dalla balena, sempre con l'arpione in mano, teso sopra la spalla, pronto per il lancio fatale. Io, se fossi un erede dello scrittore americano incaricato di restaurare il contenuto dell'opera, aggiornandolo al secolo in corso, lo racconterei così: «Chiamatemi Roman. Qualche giorno fa, non importa ch'io vi dica quanti, avendo poco o punto denaro in tasca e niente che particolarmente m'interessasse per le vie di Conversano, pensai di mettermi a fare un po' di zapping e di vedere la parte musicale del mondo».

Dall'onda della tv, al largo di *Yo! MTV Raps*, un programma incentrato sulla musica black, è emerso improvvisamente *Freestyler*, un video del gruppo Bomfunk MC's. Non avevo mai visto niente di simile. Catturato dalla musica che sembrava uscirmi da dentro, anziché dalle casse del televisore, posai l'occhio incredulo sulle evoluzioni dei ballerini. Oddio, ballerini… li chiamo così perché si muovevano armoniosamente, obbedendo ai tempi scanditi dalla batteria elettronica, ma erano tutt'altro che danzatori del Bolshoi. In tuta e berretto di lana, roteavano con la schiena sul pavimento della metropolitana; reggevano tutto il peso del corpo su un solo braccio piantato per terra e ballavano in aria; si avvitavano vorticosamente facendo perno sulla testa. Sulla testa! Incredibile, pazzesco!

«No, ti prego, resta ancora un po', non andartene!»

Inutile supplicarlo. Dopo quattro minuti e cinquantadue secondi, il pezzo si è inabissato nel mare di musica sovrastante, lasciandomi ogni passo e ogni nota impressi nitidamente nella memoria. Come Moby Dick era tornata giù negli abissi con un pezzo del capitano tra le fauci, quel brano mi aveva staccato un pezzo d'anima e se l'era trascinato a fondo.

«Devo rivederlo.»

Me lo ripeto con insistenza ossessivo-compulsiva e non mi do pace, intenzionato a catturarlo. Armato di una VHS vergine nel video registratore, ormeggio su MTV almeno sei ore al giorno. Resto per due settimane con gli occhi fissi nell'orizzonte bombato di un ventiquattro pollici e il telecomando, l'arpione del capitano Achab, puntato nella sua direzione, con il pollice sul tasto Rec che freme di scattare, finché, un pomeriggio di gennaio, al termine di un brano, seguono le note in sedicesimi del sintetizzatore che mi era rimasto in testa. Un tizio con giubbotto e pantaloni di due taglie più grandi sembra stia nuotando davanti alle scale mobili della metropolitana. Eccolo!

«Claudio, devi venire subito. Devo farti vedere una roba paurosa.»

«Un porno? Arrivo subito!»

Stavolta no, non si tratta di quello. In effetti la scoperta dei film vietati ai minori è una delle esperienze che ho condiviso con lui, che è presente in ogni mia prima volta. I primi pattini, la prima sigaretta, il primo porno, appunto, la prima canna (piccola, perché non ho ancora sedici anni), il primo passo di… boh… non ho idea di come si chiami questa roba.

«Dai» gli propongo tutto gasato, dopo aver rivisto il video con lui, quattro o cinque volte «facciamolo anche noi!»

«Ok.»

Se gli avessi detto «camminiamo sul cornicione al decimo piano», dopo aver visto dei trapezisti, probabilmente avrebbe avuto la stessa reazione accondiscendente. È come me, assetato di curiosità e di nuove esperienze da provare. Non si fa ripetere due volte alcuna proposta.

Spostiamo le sedie e altri ostacoli d'arredo. Premo Play. Via. Boom! Con un calcio di scena, che doveva essere un passo, prendo in pieno il tavolo di legno di Luigi XIV o, per lo meno, così mi sembrava, dalla cura maniacale che mia madre gli dedicava.

«Porca miseria, l'hai scassato» diagnostica l'amico.

«No, dai» nego per convincere me stesso «non è così grave.»

Il nostro pomeriggio da rapper danzanti finisce lì e indossiamo i panni di due restauratori, meccanici, muratori, qualunque figura professionale serva a scansare le botte di papà. Uno dei due ganci ad angolo che fissava la gamba al piano è distrutto. Noi incolliamo, inchiodiamo, facciamo di tutto per evitare che balli e, sottoponendolo a varie sollecitazioni, lo scopo sembra raggiunto. Potrebbe reggere.

Sospendiamo le prove per alcuni giorni, durante i quali nessuno scopre la precarietà del tavolo. L'ho scampata.

Per le strade racconto ad amici e conoscenti quello che ho visto, alla ricerca di qualcuno che ne sappia di più e, finalmente, mi imbatto in un tipo che capisce al volo di cosa si tratta e me la presenta. Sì, come si presenta la persona che ti cambierà la vita, dicendo semplicemente un nome. Un nome che da questo momento in avanti sarà sempre, concettualmente, accanto al mio, due entità indiscernibili in un'unica immagine.

«Quella è breakdance!»

Windmill. Mulino a vento. Così si chiama la figura nella quale il breaker, volteggiando con la schiena a terra, fa girare le gambe come fossero pale.

«È meglio se mettete sotto dei cartoni» ci suggeriscono. Così io e Claudio ce ne procuriamo alcuni, per ridurre l'attrito e scivolare meglio. Ci passiamo sopra interi pomeriggi, con uno stereo da cui, a un certo punto, esce una voce che diventa ultraterrena, diabolica. Più acceso che spento, l'apparecchio si beve quattro torce in pochi giorni, spremute fino all'ultima goccia dato il loro costo, fino a quando, al limite dell'esaurimento, la voce del cantante sembra venire dall'aldilà, come quella di un essere posseduto nei film dell'orrore. Però non ci fermiamo, siamo avidi di conoscenza. Io mi muovo in continuazione con la musica in testa, anche se non è più udibile.

Anche a scuola, dove le insegnanti non la prendono benissimo, soprattutto perché non sono uno studente modello. Trascorrendo i pomeriggi per strada o, al massimo, in palestra a fare karate, i libri li uso giusto per irrobustirmi le braccia. Li metto tutti nello zaino, o almeno tutti quelli che ci stanno, senza considerare la distribuzione settimanale delle materie, così non devo neanche preoccuparmi di eventuali dimenticanze. Ogni mattina, dunque, vado a scuola con venti chili addosso e nel tragitto, talvolta, uso la sapienza come manubrio per rafforzare i bicipiti.

Abbiamo bisogno di saperne di più, però. Dei passi, dei movimenti, della storia e di tutto quello che gravita attorno a quella che è una vera e propria cultura, a partire dal modo di vestire.

Io comincio a comprare capi in stile baggy: pantaloni molto larghi, a vita bassa, felpe oversize e T-shirt ampie quanto camicie da notte. Non è una moda, è un codice estetico, un segno identificativo, una divisa che attesta l'appartenenza a un movimento, a un gruppo, a un credo. Da quello che indossi si capisce che musica ascolti e come le dai corpo. Tutto, però, alla fine, soggiace alla breakdance nel suo terminale espressivo, fatto di movimento, figure, passi, acrobazie e io sono solo all'inizio. Comparandomi a un tuffatore, non vedo l'ora di fare tripli carpiati con avvitamento all'indietro, ma se mi butto di testa tiro ancora le spanciate. Mi servono consigli, confronti, indicazioni. Così mi metto alla ricerca di un guru, qualcuno che la padroneggi e possa divulgarne lo spirito.

«Dovete trovare Adriano» ci suggeriscono.

Viene fuori che il Sensei della break, l'importatore dello street style newyorkese in Puglia, è un pizzaiolo di Conversano. Come ogni mistero tentatore non si sa altro. Le tenebre che avvolgono la sua identità nutrono la ricerca, che si fa ossessiva. Giriamo tutte le pizzerie del paese.

«C'è Adriano?»

«Chi?»

«Lavora qui Adriano?»

«Mai sentito.»

«Scusi, c'è un pizzaiolo che si chiama Adriano?»

«Sì, te lo chiamo. Adrianooo.»

«L'abbiamo trovato!» esultiamo felici. Poi, dalla cucina, sbuca un egiziano di centoventi chili.

«Vuoi bissa? Brosciutt? Bissa Margherita? Come vuoi bissa?»

«Scusa» osiamo «sei tu l'Adriano che conosce la breakdance?»

«Bredens? No faccio. Solo mozzarella, bomodoro, aggiughe, brosciutt. Bredens no.»

«Mi sa che non è lui.» Il nostro pensiero è unanime e silenziosamente condiviso da una risata che copre la delusione. Proseguiamo la caccia.

«Adriano?»

«No.»

«Conoscete un certo Adriano?»

«Il pizzaiolo?»

«Sì.»

«Vuoi dire Adrian, forse.»

«Quello che è.»

«Quello che fa la breakdance?»

«Proprio lui!»

Lo troviamo in via Castellana. È un albanese, piuttosto atletico, che si presenta come un appassionato ed esperto che ci mostra l'Electric Boogie, l'onda che si fa con le braccia allargate. È l'unica cosa che sa fare, oltre a un passo di Michael Jackson, lo capiamo solo qualche giorno dopo. Per lui quella è la breakdance, ma siamo troppo gasati e, giorno dopo giorno, diventa parte di una crew che si allarga a macchia d'olio.

Dopo quattro mesi ho imparato il windmill, il passo nel video di MTV, e sono pronto per il mio debutto in pubblico: a scuola, in classe. Nel cambio dell'ora, tra matematica e religione, sposto i banchi accostandoli alle pareti e creo uno spazio per l'esibizione delimitato dai compagni in cerchio. Battono il ritmo con le mani ed è un ritmo che traduce l'impazienza, l'incoraggiamento, l'energia soffocata da un'ora di matematica e pronta a straripare per la successiva, liberatoria. Il mio nome viene scandito in battere, cioè ogni volta che i palmi si toccano all'unisono: «Roman Roman Roman».

Qualcuno fa la batteria con la bocca, scratchando con la saliva spinta sul palato; mi butto al centro, per terra, mandandoli in un simulato ma credibile visibilio. Ho spaccato tutto, ho fatto qualcosa che nessuno sapeva fare. Finalmente ho trovato il mezzo per distinguermi, per essere conosciuto, per essere apprezzato. Per essere.

5

Quarantamila lire. Mi sembra di aver vinto alla lotteria. Lavoro da Mad Max, un negozio di abbigliamento in stile street. Il proprietario, Donatello, ha addirittura una propria linea di vestiti, tutti ispirati alla cultura della strada che, nello stile, unisce il Bronx a Conversano. La sua marca, Play my game, suona come uno stile di vita, un'attitudine alla sfida, una propensione al limite. Mi sono fermato spesso davanti al suo locale, ad ammirare le magliette con quel monito ed è lì che Donatello mi ha visto, ma non solo. È passato anche in strada, dove ci alleniamo, e mi ha notato. Ha dato così un corpo al naso che vedeva appiccicato alla sua vetrina, una voce, un carattere e mi ha chiesto se mi andasse di lavorare da lui.

«Ti do quarantamila lire. A settimana.»

«Accetto» ho risposto. Ma dopo un po'. Ci sono voluti diversi secondi prima di realizzare che per stare in un posto che amavo mi avrebbero anche dato centosessantamila lire al mese, che fanno di me un ragazzo ricco.

Per una pizza e una birra si spendono sì e no diecimila lire, con centomila ci compro un paio di pantaloni, e una maglietta. Non desidero molto e quel poco che vorrei lo posso avere, mi ritengo un giovane felice. Soprattutto quando sono con la schiena per terra, posizione che, nelle due attività che pratico, è quella della svolta. Nel karate, quando sei con le spalle al suolo, hai due sole possibilità: liberarti e attaccare, per vincere, o subire, aspettare il colpo di grazia, e perdere. In questa affermazione, ho usato la seconda persona non per indicare una generica molteplicità a cui appartengo, ma per precisare che TU, un tu qualunque che non sono io, hai due possibilità. Io ne ho una sola. Ogni volta che vado col culo sul tatami, immagino mio nonno che mi guarda e mi parla con gli occhi così chiari da poterci leggere attraverso: «Bè, che fai sdraiato? Ti stai riposando? Alzati e combatti».

È una secchiata d'acqua gelida in pieno sonno. Mi desta improvvisamente e mi fa scattare in piedi. È così che sono diventato cintura nera.

Nella breakdance, trovarsi con la schiena a terra è come per un tuffatore stare sul bordo del trampolino. È da lì che devi lanciarti e, paradossalmente, essere per terra è l'unica via per essere libero. Libero di muoverti, libero di volare, libero di dare il tuo corpo alla musica ed esserne un tutt'uno.

L'allenamento in strada diventa talvolta un'attrazione per i passanti, a cui appariamo perfettamente coordinati quando ci diamo il cambio sui cartoni, al punto che sembrano movimenti pre-concordati, mentre in realtà stiamo improvvisando. Un po' di regia, però, ci vuole. Soprattutto nella nostra prima esibizione organizzata, un matinée in discoteca. Non è solo la nostra prima performance su invito, ma è addirittura sponsorizzata. Donatello ci ha vestito con Play my game. Siamo fighissimi. È fighissimo.

Il pezzo è quello dei Beastie Boys, *Intergalactic*.

«*Another dimension, another dimension*» ripete una voce robotica. Ed è quella in cui ci troviamo noi, siamo in un'altra dimensione. Non ci sembra possibile che qualcuno possa essere interessato a quello che facciamo, al punto da darci uno spazio in una discoteca, e che altri addirittura si fermino a guardarci e commentino con occhi spalancati di stupore. Per chi non segue *Yo! MTV Raps*, siamo di un altro pianeta.

In un pianeta, però, in cui non hanno ancora inventato Spotify o YouTube. Se vuoi scegliere la musica da ascoltare, devi prima registrarla, premendo due tasti, Play e Rec, di uno stereo. Niente di digitale. Il formato non è mp3, wav, aiff, ma il nastro vuoto di una cassetta, che si riempie della canzone scelta quando passa su MTV. Si sta con lo stereo attaccato al televisore e quando inizia il video atteso si registra. Ogni tanto, mentre balliamo, nel bel mezzo di una canzone si sente un contributo esterno: «Roman! Hai fatto i compiti?».

«Claudio, spegni quella porcheria!»

«Vito! *Chi t'è muort'*...»

A furia di ascoltarli, diventano parti integranti della canzone, come se fossero effetti voluti dagli autori, tanto che in alcuni casi, per noi, la identificano sostituendone il titolo.

«Vai, Roman, metti *Chi t'è muort'*.»

Sarebbe *Gangsta's Paradise* di Coolio e Kylian Mash,

ma per noi è *Chi t'è muort'*. La voce della madre di Vito risuona più forte di quella del rapper. Suo figlio è il mio maestro graffitaro e, per aver ispirato quel contributo, deve essersi esercitato a casa.

Breakdance, rap, abiti e graffiti sono un tutt'uno, collegati concettualmente come moto, casco e benzina; pugilato, guantoni e paradenti; come John, Paul, Ringo e George, che solo insieme fanno i Beatles. Non c'è uno senza l'altro. Quindi ho iniziato a usare le bombolette spray, proprio grazie a Vito. L'ho visto graffitare su un muro e ne sono rimasto incantato, neanche fosse Leonardo di fronte alla *Gioconda*, e poi l'ho seguito fino a casa, tornandoci il giorno dopo.

«Signora» ho chiesto al citofono «c'è Vito?»

«Vito! È per te! E spegni 'sta musica, *chi t'è muort!*» Il ritornello è sempre quello.

Quando è sceso, mi sono presentato, specificando il motivo della mia visita.

«Mi insegneresti a usare la bomboletta?»

«Certo» ha replicato senza esitazione. «Questo è il tappino. Dentro c'è una valvola.»

Mi spiega scrupolosamente com'è fatta e come usarla, tanto che quello stesso pomeriggio sono in grado di produrre i miei primi Throw-up. La firma dell'artista, nei graffiti, si chiama Tag e il Throw-up, o Throwie, è una sua forma più complessa, solitamente arrotondata, veloce da eseguire.

«Roman» riempie un bel pezzo di muro, ma mi rendo subito conto che è una trovata geniale quanto mettere la firma sotto una lettera anonima. I graffiti sono ancora recepiti come atti vandalici e non è proprio saggio rivendicarne la creazione. Mi serve un nome d'arte. Anche Renato ed Enzo ne hanno uno. Sono due della compagnia con cui ho legato molto, anche fuori dalla strada.

Già, fuori dalla strada. Un paradosso, vero?

Di solito è la strada a essere fuori, per definizione. La strada è fuori da casa, fuori da scuola, è fuori rispetto a qualunque luogo sia «dentro». Per noi, invece, è il contrario, perché è proprio quando siamo in strada che siamo dentro. Dentro noi stessi, dentro i nostri sogni.

«Buongiorno, signora, sono Roman. C'è Enzo?»

Lo dico con tale frequenza, al citofono, che ormai la voce esce meccanicamente premendo il tasto, anche se la mente sta pensando ad altro. Enzo ha qualcosa di esclusivo che ne fa una delle persone che cerco con maggiore insistenza. Non si tratta di doti particolari nella break o nell'uso dello spray, ma di ciò che possiede: *Mortal Kombat 2* su PC. La prima volta che sono stato a casa sua, me l'ha mostrato come fosse un cimelio prezioso, un oggetto d'arte da custodire con cura.

«Guarda» mi invita mostrandomi un quadrato piatto, plastificato.

«Che è 'sta roba?» domando perplesso.

«È un floppy disk» mi spiega. «Si mette nel computer e... voilà.»

Voilà. Si è aperto il sipario su uno dei giochi più avvincenti e ipnotici che avessi mai visto. Non riuscivo a staccarci gli occhi. Ci abbiamo giocato tutto il pomeriggio e quello seguente torno da lui.

«Buongiorno, signora, sono Roman. C'è Enzo?»

«No, mi dispiace, è fuori.»

Oh, cavolo. Io non conosco le usanze italiane e mi sono presentato a casa sua senza preavviso e lui non c'è. Vabbè, ormai sono qui.

«Posso salire lo stesso?»

Il rumore meccanico del portone che si apre ha risposto per lei. La sua accoglienza è incredibile. Apre la porta di casa sua a un ragazzo che aveva visto una volta soltanto, concedendo l'accesso alla camera del figlio e persino al suo computer. Non solo.

«Ti preparo la merenda? La vuoi una frisella?»

«Grazie, molto gentile.»

Sono a casa di Enzo, senza Enzo. Nella sua cameretta, davanti al suo computer a giocare al suo *Mortal Kombat 2*, mangiando la merenda preparata da sua madre.

Quando arriva, entra in stanza e mi trova seduto al suo posto a fare le sue stesse cose.

«Ah» sembra pensare «sono già rientrato a casa.»

Da allora sono quasi ogni giorno da lui, finché *Mortal Kombat 2* non finisce per stufarci. Poi, essendo anche arrivata la primavera, torniamo a stare fuori (o dentro, dipende dai punti di vista), a ballare sui cartoni e fare graffiti, ma capisco che è il momento di cambiare Tag, devo assumere un'identità artistica.

«Mi serve un nome» medito ad alta voce, per condividere la mia necessità.

«Chiamati Enzo» suggerisce Renato con non poche ragioni «tanto ormai neanche sua madre vi distingue più.» Scoppiamo a ridere e rimando la decisione.

I soldi di Mad Max, intanto, sono stati accantonati in quantità sufficiente a proporre a mio padre un acquisto congiunto e a casa Gorskiy sbarca il computer. Non devo più andare a casa di Enzo per giocare e, soprattutto, posso estendere le mie conoscenze nelle chat room. Scopro dei siti tematici dove si possono condividere gli interessi e trovo un gruppo di Bari, in cui familiarizzo con un ragazzo e una ragazza, al punto che li invito a Conversano, dove arrivano pochi giorni dopo.

«Weso e Gis?» domando quando mi vengono incontro.

«Siamo noi» confermano. «Sei Roman?»

«Sì!»

Baci, abbracci. Sembra di conoscersi da anni e non sono passati neppure dieci secondi. Potenza delle passioni comuni. Meno sono diffuse, più solidificano il rapporto tra i soggetti. Se due tifosi della Juve o di un'altra squadra importante si incontrano, si scambiano giusto qualche battuta convenzionale sull'argomento, più che altro perché offre un appoggio colloquiale. Quando si trovano degli appassionati di breakdance e graffiti, invece, che devono cercarsi in città diverse perché si contano a occhio, sono accomunati da qualcosa che si solidifica in un legame istintivo.

Weso e Gis fanno graffiti, in modo eccezionale. Io colgo i segreti della loro tecnica, migliorando moltissimo, ma, per quanto riguarda la breakdance, mi suggeriscono altri maestri.

«Devi venire a Bari. Ci sono dei mostri che possono insegnarti un sacco di cose.»

È quello che aspettavo da almeno sei mesi e non me lo faccio ripetere. La settimana seguente, io e Claudio siamo sul treno diretto nel capoluogo pugliese. Non sappiamo altro, se non che c'è un parchetto dove dei ragazzi fanno breakdance. Arrivati alla stazione, dunque, iniziamo a setacciare le zone limitrofe e, sotto i portici della Regione, ne troviamo uno che sembra rispondere alle caratteristiche indicate.

Veniamo attirati dalla musica hip hop che ci chiama come le sirene con Ulisse. La seguiamo e puntiamo una decina di ragazzi che ballano. Sono loro!

Tre in particolare si fanno notare per la loro spiccata abilità.

«Ciao» mi presento. «Io sono Roman.»

«Nico Fido, Fabio Nook, Davide» ricambiano a turno.

Io sono intimidito dalla loro bravura. L'ultimo a darmi la mano mi fa strabuzzare gli occhi. Fa il Thomas, un passo che per me è proibito, uno scoglio che non solo non riesco a superare, ma a cui non so neppure come aggrapparmi. È difficilissimo.

«Me lo potresti insegnare?» azzardo.

«Ma certo» mi soddisfa. Non dice «Mah, non so se riesci», oppure «Non credo tu possa farlo» e neanche «Proviamo». Dice «Certo». Significa che è sicuro che io possa impararlo e questo mi gonfia di adrenalinica speranza. Mi sono immerso in un mondo fantastico, nel quale i protagonisti non sono gelosi delle proprie qualità, dei propri segreti, ma li condividono, mettendoli al servizio degli altri, per una crescita reciproca, anche se è volta alla competizione. È tutt'altro che usuale nella società che sto imparando a conoscere a sedici anni.

Faccio quei trentasei chilometri più volte a settimana, andata e ritorno tra Conversano e Bari con i treni locali più sgangherati che le Ferrovie Sud-Est possano mettere sulle rotaie, ma ne vale sempre la pena. Ogni giorno imparo qualcosa di nuovo. Ogni giorno aggiungo un pezzo alla mia crescente identità, a cui però manca ancora un nome.

«Dovresti avere una tag» mi ricorda Nico.

«Già» concorda Fabio «tutti ne hanno una.»

«Ogni B-boy ce l'ha» rincara il primo.

«B-boy?» faccio eco curioso.

«Sì» mi spiega Nook. «B sta per Break, e visto che viene dal Bronx lì si usa così. Chi fa breakdance è un B-boy o una B-girl.»

Andando a pescare tra i termini della disciplina, colgo il nome del blocco base, la posizione in cui si resta orizzontalmente in equilibrio su un solo braccio. Si chiama «freeze» e da qui l'intuizione.

«Roman Freeze! Che ne pensate?»

«Bello!»

Il giudizio è quasi unanime, ma ne basta uno ad annullare il voto.

«Mi sa che esiste già.»

«Allora» decido su due piedi «Froz. Mi sembra bello. No?»

«Sì, bello.»

«Fico.»

«Ti sta bene.»

«Sei proprio tu.»

Aggiudicato. Da oggi sono Froz. Roman Froz.

6

Non mi sono ancora abituato all'euro. È entrato in circolazione solo da pochi mesi, però mille euro sono tanti. Quasi due milioni delle vecchie lire. Per un francobollo, poi, mi sembrano uno sproposito, ma c'è chi li compra e, cosa più importante, c'è chi li vende. Mio padre è uno di questi. Ha iniziato per passione a collezionarli e a guadagnare qualche extra vendendo dei pezzi pregiati, l'ultimo dei quali, emesso dalle Poste per le colonie del Regno d'Italia, in occasione della VII Fiera campionaria di Tripoli del 1933, gli ha fatto capire che c'è gente disposta a spendere molti soldi per semplici oggetti da collezione. Se poi vengono dalla Russia, ancora meglio. Patria di valori socialisti e comunisti, che diventano un florido patrimonio appetibile ai nostalgici di sinistra, il nostro Paese di origine è una terra lontana, misteriosa, dalla ricca storia che si intreccia a quella italiana, dalla cultura profondamente diversa e con una lingua incomprensibile, spigolosa, con un alfabeto diverso, che la rende ancora più distante e, per questo, più attraente per i cacciatori di cimeli.

«Venderò souvenir della Russia.»

Papà ha preso una decisione clamorosa, anche più eccezionale di quella che ci ha portato a vivere in Italia, perché implica un altro trasferimento, che, però, non mi coinvolge, almeno per il momento.

Ha sempre avuto un'indole da commerciante, attività che in un piccolo paese come Conversano rischia di essere piuttosto sterile, così ha pianificato una svolta familiare: lui, mamma e Max si trasferiscono a Milano. Polia, invece, va a vivere a Torino, dove frequenterà un'accademia di tennis. Papà è passato dai servizi con la racchetta a quelli di porcellana, che da noi si chiamano Gzel e fanno parte di un ricco campionario di prodotti molto ricercati, tra cui spiccano le matrioske, l'ushanka, il celebre cappello invernale col paraorecchie, spesso di pelliccia, confezioni regalo di vodka e caviale.

«Queste sono le chiavi» mi dice. «Quando esci, mi raccomando, chiudi bene. E fai il bravo.»

Ho sedici anni e resto senza di loro. Nel momento in cui è partito il treno per Milano, con a bordo tutta la mia famiglia, realizzo che la mia vita è cambiata di colpo, radicalmente.

Dopo la cintura nera, ho lasciato il karate, ma non quello che mi ha insegnato, né i ricordi di chi me l'ha insegnato. Gianni è più di un maestro. È stato una guida, una fonte di ispirazione, un fratello maggiore su cui si può sempre contare. Un giorno avevo perso l'ultimo treno a Bari, per rientrare a Conversano. È venuto a prendermi in macchina per evitarmi di dormire in stazione. Dopo l'esperienza con le arti marziali, ho deciso di dedicarmi esclusivamente alla breakdance, per cui ho scelto anche la scuola superiore. Frequento un istituto tecnico a Bari, così da essere quotidianamente nel parchetto con la crew che ormai si è solidificata tanto da avere anche un nome che ci contraddistingue. Siamo i Nuclear Shower Breakers, gli NSB. Ogni mattina mi sveglio alle sei e un quarto per prendere il treno e rientro a casa nel tardo pomeriggio, dopo diverse ore dedicate alla break e ai graffiti, stando attenti a non invadere i territori. Una volta «conquistata» una zona, è meglio restarci, perché qui sono un po' tutte lottizzate da codici non scritti, abitudini radicate, prepotenza atavica.

«Questa è la nostra zona. Alzate i tacchi e non fatevi più vedere.»

È capitato più di una volta che ci venisse detto, prima di pisciare con lo spray su un muro e segnarne il territorio. È come se piantassimo la bandiera, e lì ci passiamo le giornate.

Quando poi rientro a casa, girando le chiavi nella toppa, apro la porta della mia Disneyland: centoventi metri quadri a mia completa disposizione. La disciplina impartitami dai miei genitori è stata ferrea e sono irreprensibile nell'ordine e nelle pulizie. Lavo i piatti, i pavimenti, cucino e pago le bollette (con i soldi che mi mandano i miei, naturalmente). Dopo cena, però, apre il Gorskiy Park. Il nome ricorda il celebre Parco Centrale di svago e cultura più amato e conosciuto di Mosca, dedicato allo scrittore Maksim Gor'kij, ma il mio ha una S in più e un po' di cultura in meno. Quanto al divertimento non c'è posto dove se ne trovi di più in tutta Conversano. È la versione locale, decisamente ridotta e molto meno sfarzosa, della casa del *Grande Gatsby*, dove c'è una festa tutte le sere. Girano un po' di alcol e un po' di canne, proprio come nel film *How High* con Method Man e Redman.

Ho sedici anni e vivo da solo. Ai miei coetanei sembro un marziano. L'indipendenza e le responsabilità che comporta mi fanno crescere in fretta e accelerano il processo di formazione e solidificazione della mia identità. So bene chi sono e cosa voglio fare. La mia chiara consapevolezza è sintetizzata nel parchetto rosso di Conversano, chiamato così per il pavimento di questo colore. È un campo da basket con gli spogliatoi in muratura ormai in disuso ed eletti a residenza dai senzatetto. È su quelle pareti che disegno a caratteri cubitali la mia tag. Su un'intera facciata c'è scritto «Froz», cioè chi sono e cosa voglio fare.

Lunedì mattina andiamo al supermercato a fare la spesa. Prima che apra. La nostra spesa si fa all'aperto, senza pagare. È il momento della settimana in cui il magazzino mette fuori tutti i cartoni dei grandi elettrodomestici. Quelli di frigoriferi e congelatori sono il nostro tappeto, ci coprono l'intera area del parchetto o del campo di basket che usiamo per allenarci. Certo, sarebbe meglio il linoleum, ma presenta tre problemi rispetto al suo surrogato economico: costa e noi non abbiamo i soldi, non è pratico da custodire e trasportare, ma, soprattutto, dove diavolo si comprerebbe il linoleum? Mica lo trovi (gratis) davanti al magazzino di un supermercato tutti i lunedì mattina!

La campanella della scuola che dichiara la fine delle

lezioni per me ha un altro messaggio, perché mi desta dal torpore del mattino sancendo l'inizio degli allenamenti. Alle due sono con le gambe per aria. Mi sento fiero di far parte degli NSB, ho sempre amato lo spirito di appartenenza e quando vedo i Funk Warriors Crew il contorno degli occhi muta la sua forma in un cuoricino, come nei cartoni animati.

Sono una crew di Bitonto, spettacolari, abilissimi e mirabilmente coordinati. Non sono singoli elementi a sé stanti, ma parti dello stesso corpo che si muovono in perfetta successione. Inoltre hanno le magliette griffate col proprio nome: Funk Warriors. Dove c'è un deejay che suona musica, noi andiamo, e una sera li vediamo esibirsi in un contest. Sembrano dei professionisti. La mia ammirazione oltrepassa i limiti della timidezza e vado a presentarmi, restando sconcertato per la reazione.

«Ciao, piacere. Io sono Roman Froz.»

«Sì, lo sappiamo. Ti conosciamo.»

Non posso crederci. Loro conoscono me. Non so dove mi hanno visto, forse a Bari? Comunque, se mi hanno notato, significa che, in qualche modo, mi sono distinto ai loro occhi e riscuotere la loro attenzione mi gasa un casino. Così, da questo momento, i miei spostamenti si allungano. Oltre ai trentasei chilometri che mi portano da Conversano a Bari, ne aggiungo un'altra ventina.

«Sauz, andiamo a Bitonto?»

Sauz è la tag di Vito e, puntualmente, asseconda con entusiasmo le mie proposte.

«Andiamo, Froz.»

Sauz. Froz. La zeta in chiusura è casuale, ma sembra lì apposta, per essere un segno, come quello di Zorro. Chissà se riusciremo a lasciarlo anche noi. Chissà se queste quattro lettere, con la Z finale, usciranno mai dalla Puglia. Chissà se arriveranno lontano, magari, addirittura, in Russia. Alle orecchie di mio nonno.

Il fumo aveva oscurato il sole fuori dal cielo di Vienna. I flebili raggi dell'alba non riuscivano a oltrepassare la coltre scura residuata dalle esplosioni notturne. Il tenente ci guidava attraverso le macerie, ordinandoci la massima attenzione. Ogni passo avrebbe potuto essere l'ultimo, se l'avessimo mosso su una mina.

Erano passati undici giorni dall'inizio dell'assedio. I tedeschi rimasti, asserragliati nei punti strategici della città, resistevano con tenacia, sebbene buona parte di loro iniziasse ad arrendersi e disertare quando entrammo nel centro urbano, il 9 aprile. C'erano state grandi perdite da entrambe le parti. Io stesso avevo visto morire due miei compagni, sotto ai miei occhi.

Dmitrij fu colpito al petto da un colpo di fucile. Mentre avanzavamo, volò all'indietro, di un paio di metri. Mi gettai a terra pensando che, se quella pallottola fosse passata cinquanta centimetri più a sinistra, avrebbe preso me e il fatto che non fosse successo non mi sollevava per nulla. La permanenza della tua vita non ti consola quando finisce quella di un tuo compagno.

Sasha, dall'altra parte, ma più distante, stava richiamando la mia attenzione. Non seppi mai quello che voleva dirmi, perché nel momento in cui mi voltai lo vidi saltare in aria, centrato da un colpo di mortaio.

«Quei figli di puttana la pagheranno.» A questo pensavo, mentre avanzavo col plotone nella capitale austriaca, centro politico e strategico del Terzo Reich. Il controllo della città avrebbe permesso a noi Alleati di procedere verso la Germania e porre fine alla guerra.

«State attenti agli edifici» ci ammonì il tenente «potrebbero esserci dei cecchini persino sui tetti.»

Fu proprio sopra uno di questi che ne vidi uno, dietro a un comignolo, con il fucile puntato sulla testa di uno dei nostri. Lo colpii prima io. Mi sembra ancora di sentire il rumore sordo del suo corpo che terminava la caduta per terra, dove ci arrivò solo il corpo. L'anima era volata via nell'attimo in cui lo centrai e non saprei dirti dove se ne sia andata, se verso l'alto o verso il basso. Erano nemici, sì, ma obbedivano anche loro a un superiore, come noi. Solo che il loro era una persona, se così si può chiamare. Il nostro era la patria e forse per questo eravamo più determinati. Arrivammo al canale del Danubio, dove la milizia popolare tedesca aveva eretto una barriera. Qui partì una sinfonia di morte e distruzione. I colpi di mortaio e le granate risuonavano nelle orecchie con frequenza vertiginosa.

«Compagno» mi urlò il sergente «dobbiamo attendere rinforzi.»

«Non abbiamo tempo» ribattei. «Se aspettiamo i compagni, ci troveranno morti.»

Caricammo in blocco. Io correvo sparando in direzione delle postazioni nemiche. Non so dove finirono i miei proiettili, se in aria, contro un muro o dentro qualcuno. Forse un giorno qualcuno mi darà il conto, ma in quel momento non potevo fare nient'altro. O noi o loro. O l'Armata Rossa o le SS. O la libertà o la morte.

«E poi com'è finita?» chiesi al nonno.

«Dopo ore di resistenza» continuò «la difesa tedesca cedette. Sfondammo nel cuore di Vienna e mi fermai a guardare la bandiera rossa che si issava sopra uno degli edifici simbolo della città. Sembrava lei a irradiare la luce su quel nuovo giorno, il 13 aprile. Aveva lo stesso colore dell'alba ed era un'alba nuova, un'alba, finalmente, di pace.»

Sarei stato ore ad ascoltare i racconti del nonno ed era, in effetti, quello che facevo. Me ne stavo sdraiato su un fianco, per terra, nella sua casa di campagna, mentre lui e papà giocavano a scacchi. Tra una mossa e l'altra potevano passare anche intere storie. Di come liberò Vienna con l'Armata Rossa o di quanto era felice quando tornò dalla nonna, dei baci che le dava, del suo lavoro da viceministro dell'Agricoltura e delle sue gare di ginnastica, delle medaglie sul fronte, che, senza distogliere lo sguardo dalla scacchiera, mi indicava in una cornice sul muro.

«E tu?» mi domandò una sera «quali medaglie riceverai?»

«Quelle del tennis» suggerì papà.

«Mmm» dubitai «non lo so. Non so ancora in cosa sono bravo.»

«Lo scoprirai» mi rassicurò. «E poi verrai a raccontarmelo.»

Oggi, finalmente, glielo posso dire. Al telefono con Mosca, Conversano non sembra poi così lontana.

«Nonno, ho scoperto in cosa sono bravo.»

«Non avevo dubbi» commenta rinnovando la sua stima. «Allora dimmelo, su» mi incalza.

«Sono bravo a ballare la breakdance» annuncio.

Gli racconto come ho iniziato e come sono cresciuto in questa disciplina, quanta passione ci metto, quanto lavoro e quanta speranza.

«Voglio diventare un campione» gli confido.

«Lo sei già» mi rivela incoraggiandomi. «Devi solo avere l'occasione per dimostrarlo.»

Già, ma come? Non ci sono ancora campionati, competizioni ufficiali. È uno show sommerso, uno sport invisibile, non è riconosciuto né tantomeno promosso. Non ci sono palestre per la formazione, a eccezione della strada. È bello essere considerato bravo, è stimolante, specie se a dirtelo sono gli altri ballerini, ed è anche gratificante essere distinto tra i tanti per quello che faccio. Però inizio a sperare in qualcosa di più del solito «Ehi, ma tu sei quello che gira sulla testa?» o «Guarda, c'è il tipo che balla il rap».

Realizzo che alla nostra danza, perché per noi è una danza, mancano credibilità e prestigio rispetto a tutte le altre, ma non sarà sempre così. C'è troppa gente come me nei sobborghi dello spettacolo, alla periferia degli sport ufficiali, nei parchetti o campi di basket abbandonati, che freme per avere spazi e visibilità. C'è troppa gente come me. Voglio una medaglia, voglio un titolo per dire a mio nonno che sono bravo in qualcosa.

7

«Falla girare.»

Il fumo circola regolarmente, come un autobus sulla circonvallazione. Fa il giro completo, arrestandosi a ogni fermata, dove i passeggeri salgono a bordo del trip, tirando una o più boccate. Lo scarico sbuffato fuori si accumula dapprima sulla nuvola densa che copre la stanza, creando un controsoffitto sulle nostre teste, poi anche sotto, annebbiandoci la vista quasi quanto il cervello. Io timbro con un tiro e parto per il sempre più frequente viaggio verso la leggerezza, la ribellione, il divertimento.

Penso sia questa la destinazione, ma è solo il principio della corsa che, invece, prosegue con incoscienza nella dissolutezza. La canna sigilla l'appartenenza allo stesso circolo di amicizia, è il calumet della pace che ci fa sentire membri della stessa tribù attorno al fuoco dell'amicizia, anche se il cerchio è in realtà un'altra figura, non facilmente identificabile. Forse un decagono, perché siamo almeno una decina ogni sera, ma irregolare. Ognuno è infilato in qualche angolo della casa. Sul divano, per terra davanti alla tv, sul letto o nel cesso a vomitare.

Sì, perché il fumo è accompagnato dall'alcol, creando un cocktail inebriante e, allo stesso tempo, devastante.

Abitare da solo è una fuga dal rigore militare su cui era organizzata la mia vita.

Ore 06.15: sveglia, rifare il letto e preparare la colazione.

Ore 06.45: prendere il treno per Bari e andare a scuola.

Ore 14.00: pranzo.

Ore 19.15: apparecchiare la tavola.

Ore 19.30: cena.

Ore 20.15: sparecchiare.

Ore 20.30: lavare i piatti.

Ore 22.30: in branda. Sì, insomma, a letto, ma era facile confondere la routine domestica con quella di una caserma e mio padre per il sergente maggiore di *Full Metal Jacket*.

Ora, invece, è un tantino diversa.

Ore 08, 08.30: sveglia. Treno per Bari, ma con direzione parchetto per breakdance con gli amici. Pranzo al sacco, pomeriggio in un altro parco per nuova sessione di ballo e graffiti. Tra le 19 e le 20 tornare a Conversano, ingozzarmi di qualsiasi cosa abbia voglia, guardare film in videocassetta, videogame, fumo, vodka, ma quella commerciale, scadente, presa dagli scaffali del supermercato segnalati da offerte sottocosto. Il colmo, per un russo. È come se un napoletano, nato nella patria della migliore pizza del mondo, si mangiasse un cracker con del ketchup sopra spacciato per una marinara. Ma il mio corpo, ormai, non è troppo diverso da un bidone della spazzatura. Ci butto dentro di tutto e l'eco dell'inquinamento esistenziale arriva al cervello, dove una sera viene proiettato uno strano film, prodotto, probabilmente, dal mix di alcol e hashish in circolo.

C'è un villaggio, ai margini di una foresta pluviale, nel quale vive un nativo americano che avrà la mia età, in una comunità molto organizzata e disciplinata. Ognuno svolge i propri compiti con metodico rigore, tra alte palizzate che li tengono al riparo dalle bestie selvatiche. Si vive in armonia, protetti, in un contesto di diritti e doveri dove ciascuno è libero nella propria subordinazione al gruppo. Eppure, dopo un po', è tutto troppo noioso per il ragazzino, che va dal saggio e anziano capo villaggio per esprimere i propri dubbi.

«Sono stanco di tutte queste regole, perché devo essere obbligato a osservarle?»

L'uomo contempla il fuoco che ha davanti e senza distogliere lo sguardo dal suo centro lo invita a un'osservazione più attenta.

«Guarda la palizzata. Cosa vedi?»

«Legno» risponde il ragazzo. «Legno ovunque, alto, invalicabile.»

«Guarda bene» insiste il saggio «sicuro che sia invalicabile?»

Lui perlustra tutto il perimetro con lo sguardo e si corregge: «No, effettivamente c'è una porta».

«C'è una porta» conferma l'altro. «Puoi oltrepassarla quando vuoi. Qui dentro siamo liberi e nessuno può essere prigioniero della libertà. Se vuoi cercare la tua anima fuori da qui, puoi andare. Nessuno ti trattiene.»

Non ci aveva mai pensato il giovane indio. Con tutti quei precetti che si sentiva costretto a osservare, non si era mai posto il dubbio di poter avere una scelta. Ora che gli viene offerta, decide di coglierla.

«Grazie, maestro, allora ci andrò. Vado a cercare la mia anima, fuori dal villaggio.»

«Bravo, anch'io avrei fatto la stessa cosa» penso aspirando avidamente qualunque cosa sia mischiata col tabacco. Scuoto la testa per respingere la botta che mi è arrivata, ma non basta. Devo liberare l'impulso dinamico che mi pervade, così mi alzo dal divano e vado in freeze sul tappeto. Appoggio il mio intero corpo, steso orizzontalmente, sul braccio destro, che però sembra ribellarsi al carico di responsabilità e diserta l'impegno, mandandomi per terra dopo pochi secondi. Mi gira la testa. Non so se sono sveglio o sto sognando. Vedo un vorticoso movimento di figure sfumate, la musica mi infila i bassi nelle orecchie così in profondità che mi rimbombano nello stomaco. Sento puzza di marcio, forse è il cibo di giorni fa che giace ammuffito sul tavolo della cucina. Mi viene da vomitare. Qualcuno mi issa sul divano, dove cado nuovamente, tramortito, tornando alla mia allucinazione sospesa e rivedo il personaggio, molto rassomigliante a me, che senza alcuna opposizione, saluta la comunità. Con una scorta di viveri, oltrepassa il confine della palizzata e si perde tra le fronde. Non gli sembra vero: niente più regole, niente più responsabilità, niente più cieca obbedienza. Solo piena e totale libertà e indipendenza. Dopo alcuni giorni, però, termina il cibo e viene investito da una pioggia torrenziale che gli gela le ossa. Cerca riparo sotto un albero, ma gli occhi minacciosi di un giaguaro gli segnalano la proprietà di quell'area, e i denti aguzzi, mostrati come avvertimento, ne sanciscono l'inviolabilità. Scappa. Lontano, non sa neppure dove. Ha freddo, fame, paura. È tutto buio, ma un lampo improvviso, squarciando il cielo, gli apre una finestra di speranza: la sua palizzata. È a pochi metri da lui, quindi tasta i tronchi con le mani e ne percorre tutto il perimetro, finché non ritrova la porta. È chiusa, naturalmente, con della corteccia di una pianta che fa da corda. Ci si siede davanti e, con la schiena appoggiata, si addormenta.

Qualche ora dopo il suo tronco finisce per terra. La porta si è aperta, facendolo cadere all'indietro. I raggi del sole gli si infilano nella fessura degli occhi semiaperti, impedendogli di distinguere l'ombra che intravede.

«Sei tornato?»

«Maestro» lo riconosce il ragazzo.

«Hai trovato la tua anima?» gli chiede l'uomo.

«No» comprende «non avrei potuto trovarla là fuori, perché l'avevo lasciata qui dentro.»

La palizzata, intuisco interpretando quella strana visione, è l'insieme delle regole che viste dall'interno possono sembrare opprimenti, ma se le guardi da fuori ti accorgi che rappresentano la protezione. È nelle regole che siamo liberi, mentre, nella sregolatezza, diventiamo schiavi. È nel rispetto dei doveri che otteniamo il diritto di goderne gli effetti, mentre paghiamo il prezzo salato della loro inosservanza. È nella disciplina e nell'organizzazione che si cresce. Se queste mancano, si regredisce allo stato selvaggio, come gli animali, ma senza avere il loro istinto, il che ci pone in una condizione di tale inferiorità che finiremmo sbranati nella foresta della vita.

«Cazzo» commento ad alta voce, destandomi improvvisamente dal torpore chimico.

«Che succede?» domanda Adrian con le dita frenetiche sul joypad e la bocca in una smorfia dalla concentrazione.

«Cos'è 'sto casino? Cosa ci fate qua?»

«Ma sei rinco?» ribatte Claudio. «Ci hai invitato tu.»

«Quello non ero io» bofonchio, elaborando la mia risposta mentre vado in bagno, un'impresa più ardua del previsto. Devo fare lo slalom tra zaini, oggetti di provenienza sconosciuta e vestiti accatastati per terra; scavalcare uno sconosciuto, forse amico di un amico, che dorme in corridoio; chiedere permesso a una coppia che limona davanti alla porta del cesso.

«Ma cos'è, capodanno?» mi chiedo confuso, mentre infilo la testa nel lavandino e mi getto in faccia l'acqua fredda, scorrendo il calendario con la mente o quello che ne resta.

«È solo martedì» realizzo. Un semplice, anonimo martedì di febbraio. È tardi. Non solo perché sono le due del mattino, ma perché ho sedici anni e sto sprecando la mia vita. Disubbidendo alle leggi di ordine, impegno e rispetto che ho ricevuto dai miei genitori, sto buttando il futuro nel cesso di una finta libertà che profuma come l'Anitra WC. Sa di buono solo se è vicino alla merda, dove mi trovo io, ma nessuno andrebbe a un appuntamento galante spalmandosela addosso al posto del dopobarba.

«Ragazzi» esclamo allarmato uscendo. «Dovete andare via.»

Accompagno l'intimazione con la raccolta degli zaini, che porgo ai possibili proprietari, spingendoli verso la porta.

«Presto, presto» sollecito.

«Ma come? Perché?» si oppone qualcuno.

«Non lo vediamo il pornazzo che ha portato Claudio?» si lamenta Vito.

«Purtroppo no» lo deludo, inventando una scusa che giustifichi il drastico cambio del programma: «Stanno arrivando i miei».

«Via via!»

La decisione condivisa trova immediata attuazione e in un paio di minuti sono tutti fuori, restituendomi il silenzio che mi mancava. Quello che l'indio, probabilmente, sentiva nel suo villaggio, entro i confini della palizzata. Lì, dove aveva dimenticato la sua anima.

8

I cereali con la maionese fanno schifo. Non ricordo di averli mangiati, ma la tazza della colazione dichiara il contrario. Forse per un gioco, per una penitenza, per uno spuntino notturno, di quelli imposti dalla fame chimica. Non lo so, fatto sta che il residuo alimentare sulle mie stoviglie è disgustoso, oltre che evidentemente insalubre. Con un'isperata lucidità, scandaglio la casa valutando i danni e le conseguenti azioni per ripararli. Sembra la scena di un crimine, come in uno di quegli action movie americani in cui l'FBI fa irruzione nell'appartamento dove giace il cadavere di un uomo morto settimane prima.

Piatti sporchi ovunque, panni sulle sedie e sul divano. I calzini sul pavimento mi ricordano le briciole che Hänsel e Gretel spargevano nel bosco per ritrovare la via di casa. Vanno dalla camera da letto al soggiorno, dal soggiorno al bagno e dal bagno all'ingresso, dove trovano scarpe spaiate.

Apro le finestre per scacciare i miasmi della dissolutezza. Sembra che la ritrovata ragione mi abbia restituito anche l'olfatto, perché sento una puzza insopportabile. Forse è quell'odore che l'incoscienza ti fa scambiare per profumo e che solo ora riesco a distinguere nella sua reale essenza.

Mi infilo dei guanti di lattice e inizio a lavare i piatti, con MTV in sottofondo. Metto i vestiti in lavatrice, dividendoli in turni per l'inadeguata capienza della macchina; riordino, scopo e lavo i pavimenti; riempio sacchi con alimenti ammuffiti trovati nel frigo; tolgo la polvere, facendo alzare dei nuvoloni quando ci soffio sopra per verificarne l'impressionante spessore.

A sera, la casa ha riassunto lo stato originario e faccio propositi per il mattino seguente, primo tra tutti: tornare a scuola.

Non ci vado da giorni. Dall'inizio dell'anno ho già fatto molte assenze, preferendo alla scuola il parchetto e, ultimamente, il letto. Ho fatto così tante volte la firma di mio padre che ormai se qualcuno pronuncia il suo nome, Alexander, mi giro pensando che ce l'abbia con me.

Una volta, però, ho esagerato. Ho saltato un'intera settimana, sei giorni di fila, e da scuola hanno telefonato ai miei genitori. Mio padre mi ha richiamato furioso: «Dove cazzo sei stato?».

«Scusa, papà» ho inventato in uno slancio creativo reso credibile dal tono degno di un brillante attore teatrale «sono stato male, ma non volevo farvi preoccupare. Se ve lo avessi detto, sareste scesi a Conversano e non ne valeva la pena, era solo un'influenza.»

Ci ha creduto e l'ho scampata, ma non posso fare niente quando riceve una bolletta per internet, collegato alla linea telefonica, che si paga a consumo. Settanta euro per un mese di navigazione.

«Hai voluto fare il figo su internet?» mi rimprovera, «e adesso impari che valore ha il denaro. D'ora in poi ti mando solo i soldi per l'affitto e le bollette. Per la spesa ti devi arrangiare da solo. Così capirai quanta fatica costa mangiare e saprai distinguere se vale di più il cibo o internet. La tua generazione» conclude «sarà pure tecnologica e proiettata nel futuro, ma la farina e il grano si pesano ancora al chilo, una misura che costa soldi e sacrificio. Quando potrai comprare un giga di pane, allora potrai navigare online tutto il giorno.»

Ho recepito il messaggio e imparo a gestire le risorse con responsabilità, organizzandomi le giornate secondo gli schemi da cui ero scappato.

06.15: sveglia. Rifaccio il letto e vado a scuola.

13.30: parchetto per allenamenti di breakdance.

Dalle 15.00 alle 19.30 lavoro come commesso da Mad Max per quarantamila lire a settimana che uso per fare la spesa, anziché per abiti e divertimento, anche se non sempre bastano e molto spesso mi tocca cenare con fette biscottate inzuppate nel tè. Dimagrisco al punto che la mia vicina Giovanna, impietosita, ha preso l'abitudine di presentarsi alla mia porta con un piatto di pasta in mano.

20.00: cucinare (quando il frigo non è vuoto), cena, lavare i piatti, uscire un po' con gli amici.

22.30: compiti.

23.30: a dormire.

Certo, un'ora per i compiti (forse meno) non è granché, ma almeno a scuola ci vado e faccio il minimo indispensabile. Poi studiacchio sul treno, al mattino, ma quello che conta, per me, è che ho una vita nuovamente regolare. Ne beneficia anche il mio corpo, che risponde agli impulsi di un cervello ancora funzionante e libero dalle droghe. Mi accorgo che la mia vita scorre meglio dandomi quelle stesse regole di cui volevo tanto sbarazzarmi.

«Roman, fai vedere un freeze a questo ragazzo.»

Da Mad Max piego le magliette, i pantaloni, faccio l'inventario, e la moglie di Donatello, Stefania, spesso mi chiede di mostrare qualche passo ai clienti. Ne sono entusiasta. Il mio diretto superiore è un cultore di musica e si chiama Angelo detto «Angy Party People», perché nell'ambiente della vita notturna e della musica è un vocalist e art director di vari locali. È grazie a lui che, lavorando in negozio, scopro artisti come Beastie Boys, Articolo 31, Ice Cube, Eminem e molti altri.

La sera, dopo la scuola, il lavoro e gli allenamenti, sono comunque stravolto. È dura accettare questa nuova realtà, ma non ho scelta, perché la parola di mio padre non si discute. Certe sere piango a lungo, penso di essere irrimediabilmente perduto. Mi sento quasi tradito da chi mi aveva sempre protetto e addestrato, mi sento solo, afflitto e amareggiato. Ma ormai il dado è tratto e da questa decisione non si torna indietro.

Non resta che rimboccarmi le maniche.

Io lavoro per pagare internet (oltre che la spesa), ma qualcuno, con internet, ci guadagna?

All'inizio degli anni Duemila è tutt'altro che chiara la modalità di monetizzare l'esposizione in rete. Da qualche anno si parla di due ragazzi, Larry Page e Sergey Brin, fondatori di Google, un nuovo motore di ricerca, che nel primo anno di attività, il 1999, hanno guadagnato ben duecentoventimila dollari. Il secondo addirittura diciannove milioni, quadruplicati nel 2001. Il mio amico Francesco, quando ne parla, ha gli occhi a forma di dollaro. È una delle cause che hanno fatto lievitare la mia bolletta, perché ha creato un sito sul mio ballo. Ci siamo conosciuti per questo, perché ha ideato e messo online l'unica pagina web italiana dedicata alla breakdance, chiamata, appunto, breakdance.it. È di Castellana, a una decina di chilometri da Conversano, e, dopo i primi contatti in rete, ha iniziato a frequentare casa mia. Ora che è un po' meno affollata ed è stata ripristinata a uso abitativo, la immaginiamo come il garage di Steve Jobs, dove nascono idee innovative, e cominciamo a progettare qualcosa di stimolante, insieme.

«Il sito è figo» gli faccio notare «ma è povero di contenuti. Dovresti aggiungere dei video tutorial.»

Quando ho scoperto la breakdance, senza neppure sapere come si chiamasse, giravo per la Puglia alla ricerca di qualcuno che mi potesse guidare in questo mondo affascinante e solo con grande fatica sono riuscito a trovare persone che oggi sono la mia crew, ma non dovrebbe essere così. Noi possiamo considerarci dei pionieri, in questo Paese, e abbiamo il dovere di diffondere le nostre conoscenze.

«Quanto sarebbe utile, per i ragazzi, se imparassero i movimenti, le tecniche e le figure guardando un video?»

Lui non è un ballerino ma, da buon nerd, è entusiasta dell'idea. Così iniziamo a girare dei video in cui spiego tutto quello che so e che so fare. Nella prima settimana si registrano già centinaia di visitatori, nel primo mese duemila, al terzo mese abbiamo oltre tredicimila utenti iscritti al sito. Breakdance.it è il punto di riferimento di b-boys e b-girls di ogni parte d'Italia, che si informano e si confrontano su un unico «parchetto virtuale» dove, però, c'è soltanto uno che balla e sono io. L'idea di essere osservato e preso come modello delle tecniche acrobatiche mi riempie d'orgoglio e mi gasa un casino. Ci gasa un casino.

«Google trema» minaccia Francesco «arriva breakdance.it!»

Io sono concentrato a ballare e spiegare, lui a programmare. Nessuno dei due, naturalmente, pensa a fatturare, così i nostri utenti non diventeranno mai fonte di guadagno, mentre la concorrenza americana con cui si confronta Francesco chiude il 2002 con oltre quattrocento milioni di fatturato. Bravi. Ma sono sicuro che Larry Page il freeze non lo sa fare.

9

Uno shottino a testa, offro io. Con venti euro, per festeggiare i miei diciotto anni, pago da bere a tutti i miei amici, al Tamam di Gianluca, il proprietario. È il primo pub di Conversano in cui compare il kebab, una svolta multietnica per un Paese e una società sempre più aperta alla contaminazione culturale. Di questo passo, penso, finiranno per considerare seriamente anche la breakdance, come fanno in altre parti del mondo, tipo in America, uscendo dal vicolo cieco del luogo comune che la vede come una forma artistica di pulizia dei pavimenti, con la schiena invece dello scopettone. Questo mi tocca sentire quotidianamente a scuola, non dai compagni, ma dagli adulti che ci lavorano. O, meglio, mi toccava sentire, perché finalmente è finita. Ho terminato il triennio in Comunicazione e marketing aziendale e non frequenterò più l'Istituto Romanazzi di Bari, scelto perché il capoluogo, rispetto alla piccola Conversano, mi sembrava una metropoli, dove la mia passione per il ballo poteva trovare libero sfogo in una più ampia condivisione.

Eppure, la grande città pugliese non è che un piccolo quartiere rispetto a Mosca, che mi sembra ancora più grande di quando l'ho lasciata. La rivedo alla fine dell'estate. Finalmente, dopo dieci anni, posso riabbracciare i miei nonni. Dal momento in cui scendo dall'aereo, inizio a parlare in russo, senza accorgermi di aver switchato la modalità linguistica, come il telefonino che trova automaticamente il gestore locale, collegandosi alla sua rete.

«In una grande città avresti molte più possibilità» pensa il nonno suggerendomi il grande salto.

«Sì, forse hai ragione» concordo «ma non posso tornare a Mosca.»

«A Mosca no» interviene mio padre «ma a Milano sì. È tempo che ti trasferisca anche tu, Roman.»

Milano? Non ci avevo pensato, sebbene i miei genitori vivessero lì. Credevo che la mia vita fosse concentrata lì, tra Conversano, Bari e Bitonto, dove mi sembrava ci fosse tutto quello di cui avevo bisogno, dove ho scoperto le mie passioni, i pattini, il karate, la breakdance. Probabilmente, però, hanno ragione loro e, tornato dalla Russia, organizzo il passaggio alla terza fase della mia vita. Dopo otto anni in Russia e dieci in Puglia, parto per Milano. Qui, secondo mio padre, c'è tutto. Qualunque cosa io voglia cercare, praticare, sognare, a Milano c'è. È la capitale economica d'Italia, c'è un fuso orario di cinque o sei anni rispetto al piccolo paese del Sud in cui vivevamo. Se le novità dall'America arrivano in Italia dopo un decennio, passano prima dal Nord, dalle grandi città, e solo dopo scivolano giù. È stato così negli anni Ottanta, con i fast food, è stato così negli anni Novanta, con i telefonini e i computer, e sarà sicuramente così anche per la breakdance. Alcuni dei più importanti gruppi che ho conosciuto sono proprio qui, come i Bandits.

Arrivo alla Stazione Centrale alla fine del 2004 senza essermi cautelato per la variazione climatica. Non dico che avrei dovuto vestirmi come Totò e Peppino, con il colbacco, che tra l'altro mi sarebbe risultato anche familiare, ma nemmeno con la polo a maniche corte. Fa più freddo che sulla Piazza Rossa. È un freddo pungente, che sembra solidificare il fiato che mi esce dalla bocca in una nuvola cristallizzata. Le folate di vento sono sciabolate ghiacciate che tagliano la faccia, ma sono pur sempre un moscovita e impiego poco ad acclimatarmi.

Torno a vivere con i miei genitori, il che mi sembra una sensazione strana. Per i miei coetanei è ancora normale vivere con mamma e papà, ma per me, che badavo a me stesso in piena autonomia già da tempo, è un passo indietro, una regressione all'immaturità che tuttavia, mi riprometto, è solo temporanea.

Abitiamo a Mesero, vicino a Magenta, ma ci resto solo per cenare e per dormire. Per il resto della giornata sto a Milano, dove inizio ad allenarmi, scoprendo a sorpresa che i presunti valori tipicamente meridionali hanno qui, invece, una più ampia e completa materializzazione.

«I milanesi sono freddi, chiusi, mica come al Sud, dove se si mangia in tre si mangia anche in quattro e sei sempre il benvenuto. Sono tutti col naso in su verso la Madonnina, non vedono neanche il vicino e, se lo vedono, lo ignorano, perché devono pensare a lavorare, produrre e tenere per sé stessi quello che hanno. Nel Meridione, quello che è mio è tuo, al Nord quello che è mio è mio e quello che è tuo deve diventare mio, perché il livello di competitività è così alto che quello olimpico impallidisce al confronto.»

Questo sapevo di Milano e dei milanesi, ma dopo una settimana che sono qua capisco che sono tutte balle stereotipate e che, addirittura, la verità è completamente ribaltata. Realizzo che non avevo compreso lo spirito di condivisione e unione che dovrebbe vivere ogni giovane ballerino. In Puglia mi avevano insegnato altro e me lo avevano insegnato male. Quando ballavo con quelli di Bitonto, la breakdance era appartenenza coloniale: ciascuno aveva il suo appezzamento di terra, di talento, di esperienza e lo usava contro l'altro per un confronto personale, per l'affermazione e la supremazia individuale e non artistica. Invece è tutt'altro.

Me lo spiega Ivan Twice, uno dei pionieri di questa danza. Qui la gente, udite udite, è molto più aperta. Puoi allenarti dove vuoi e con chi vuoi. Non c'è nessuno che ti viene a minacciare perché si è autoattribuito la concessione demaniale di qualche metro quadro di parchetto.

In brevissimo tempo, Ivan è diventato il mio mentore. Ha un approccio zen, molto amichevole nei confronti di chiunque, persino di quelli che parlano male di lui. Risponde all'ostilità con la gentilezza. Un Buddha meneghino reincarnatosi all'ombra del Duomo, alla faccia della frenesia fagocitante di rapporti che si attribuisce alla metropoli. Io, però, per quanto ritenga preziosa la sua vicinanza, sono alla ricerca di un gruppo che abbia le mie stesse ispirazioni, che voglia «spaccare tutto», e qui ce n'è soltanto uno così: i Bandits.

Li ho visti anni prima, in qualche campionato in giro per l'Italia, e già allora avevano vinto moltissimo, tanto che erano, e sono, tra i gruppi più famosi d'Italia. Devo farne assolutamente parte.

«Biglietti. Biglietti, prego.»

Sento il controllore da dietro la porta del bagno. Mi sono chiuso dentro per non farmi beccare senza. Il mio posto in treno, per venire quotidianamente a Milano, è nel cesso. Mi ci rintano per risparmiare due euro e sessanta che non ho e devo quindi viaggiare clandestinamente. Eppure non mi pesa. Con la musica hip hop nelle orecchie, penso ai passi che l'accompagneranno appena scenderò dalla carrozza, per allenarmi assieme ai Bandits. È stato un colpo di fulmine. Quando ci siamo incontrati qui a Milano, abbiamo capito che eravamo fatti l'uno per l'altro. Hanno una visione altamente professionale di questa danza, anche se nessuno di loro è sponsorizzato e ancora non guadagna un centesimo, ma intuisco che è solo una questione di tempo. Qui l'aria è elettrica, è come se le opportunità avessero una formula chimica mescolata all'ossigeno. Ce l'hai attorno, le respiri e, anche se non le vedi ancora, ti sembra di toccarle. Qui sento di poter realizzare tutti i miei sogni artistici.

«Io sono Roman, piacere» mi presento.

«Luca, piacere.»

«Mosè.»

«Sono Matteino, benvenuto.»

Quest'ultimo deve il vezzeggiativo alla sua minutezza ma, a dispetto del fisico ben poco appariscente, è uno dei più forti breaker in Italia o forse addirittura il migliore. Hanno un livello stellare. Ballare con loro, per me, è come per un appassionato di basket trovarsi a giocare con i Globetrotters, è un'illusione che prende lentamente forma, scoprendosi viva, vera.

Ci alleniamo nelle vie del centro di Milano, dove il pavimento è liscio e levigato e il nostro ego artistico può nutrirsi dell'apprezzamento del pubblico occasionale. Attorno al nostro cerchio si forma spesso un recinto di persone incuriosite da questi ragazzi che, inizialmente, sembrano morsi da una tarantola, poi, a guardarli bene, si nota che si muovono a tempo e che le loro evoluzioni sono il risultato tecnico e atletico di un lavoro lungo e complesso.

«Froz, Luca, Matteino e Mosè» ci presenta quest'ultimo, offrendoci a un applauso di commiato. «Grazie a tutti.» Un tiepido battito di mani fa calare il sipario sulle nostre performance quotidiane. Che sia l'ora di fermarci lo capiamo anche dagli stomaci che reclamano del carburante alimentare, così ci infiliamo in un McDonald's.

«Un Big Mac menu, con Coca e patatine grandi» ordina Matteo. «Tu cosa prendi, Froz?»

«Niente, grazie» mento «ho un po' di mal di pancia.»

«McChicken, Nuggets da dodici e un milkshake» chiede Matteino affamato e ricevendo l'interrogativo silenzioso del banconista che gli domanda con lo sguardo: «Ma dove la metti tutta 'sta roba?».

«Tu, Froz?» mi interroga.

«Niente, grazie» mi defilo un altro giorno. «Ho un po' di nausea. Sarà stato il windmill.»

Al terzo giro mangiano la foglia.

«Doppio Cheeseburger» sceglie Mosè. «Froz?»

«Oggi niente» invento faticando un po' «ho un po' di mal di denti.»

«Mal di pancia, nausea, mal di denti» elenca l'amico ricordando tutti i sintomi esposti nelle ultime settimane. «Hai tutto tu. Cos'è che non hai?»

«I soldi.»

Lo penso senza dirlo, ma non sembra un segreto ben custodito. L'ha capito anche la Madonnina che si eclissa dietro una nuvola per non ridermi in faccia.

«Io ho preso un Cheeseburger in più per sbaglio» improvvisa Luca «mangialo tu, è un peccato buttarlo. Se hai mal di denti puoi masticare dall'altra parte.»

Accetto con ritrosia, prendendo atto di una situazione non più trascurabile. Devo fare i conti con la realtà, ormai più che evidente. Sono a Milano da qualche mese e non ho un soldo per andare avanti. Non posso nascondermi nel bagno del treno tutta la vita, non posso guardare gli altri che mangiano stando in disparte e rimproverando lo stomaco per il suo pubblico brontolio di dissenso. Sono davanti a una scelta che nessuno dovrebbe trovarsi a fare. O, forse, che solo chi è costretto a fare trova in essa la misura della propria volontà.

«Vuoi davvero questo sogno?» chiede la vita. «Quanto sei disposto a soffrire per raggiungerlo? A quanto puoi rinunciare? Vuoi continuare con la tua passione o vai a lavorare?»

10

Nome: Roman.

Cognome: Gorskiy.

Nato a: Mosca.

Il: 25/08/1985.

Residenza: Mesero.

Titolo di studio: Attestato in comunicazione marketing.

Lingue straniere: Inglese e... russo?

«Davvero? Devo inserire la mia lingua madre come lingua straniera?»

«In Italia sì» mi spiega papà, aiutandomi a compilare il curriculum. «Se fossi in Russia metteresti in questa voce l'italiano.»

Esperienze precedenti: Commesso presso Mad Max, a Conversano (Bari).

«Spaccio di CD hip hop non posso metterlo?» domando ironicamente.

«Se non vuoi finire in galera, no» mi suggerisce il saggio genitore, che mi accompagna anche a distribuirli per i negozi di Milano. Qualche giorno dopo mi telefonano da un hotel che cerca un receptionist notturno.

Non vedo l'ora di avere un po' di indipendenza, quella alla quale mi ero forse troppo precocemente abituato da quando avevo sedici anni. L'albergo è a Lambrate e ci vado subito per un colloquio; faccio un'ottima impressione e mi viene offerto il posto. Io accetto verbalmente, al telefono, e preparo i documenti da portare, ma mio padre mi invita a riflettere: «Se lavori di notte e di giorno devi riposare, quando ti alleni?».

Ottima domanda. Ma non ho grosse alternative, come gli spiego: «Non so, in qualche modo farò».

«Pensaci bene» mi consiglia. «Secondo me dovresti stare ancora un po' a casa e continuare ad allenarti, finché non trovi un lavoro che ti permetta di fare entrambe le cose. Intanto ti aiuto io.»

Mio padre non è mai stato espansivo con le dichiarazioni d'amore e gli incoraggiamenti, ma in questa proposta c'è tutto. C'è la fiducia che ripone in me, così tanta che si offre di mantenermi ancora per un po' e, detto da un genitore che, per farmi sviluppare la corteccia morale, mi ha lasciato senza soldi a mille chilometri di distanza, è uno slancio di generosità del tutto inatteso.

Lascio dunque accadere le cose. Seguo il flusso, come suggeriva la tartaruga marina del cartone animato *Nemo*. Faccio la mia parte nella vita, aspettando che lei faccia la sua.

«Il guerriero della luce crede» scrive Paulo Coelho. «Poiché crede nei miracoli, i miracoli cominciano ad accadere. Poiché ha la certezza che il suo pensiero può modificare la sua vita, la sua vita comincia a mutare.»

È una delle tante incitazioni a seguire la propria via, se è nel bene, certo che sarà il paesaggio a cambiare perché quella via ti porti a destinazione, fornendoti, lungo il tragitto, quanto serve per percorrerla. È una versione un po' mistica del ben più pratico messaggio di Lenin: «Solo se inizi a credere nella rivoluzione, essa può iniziare ad accadere».

Traduco per me stesso, banalizzandolo: ubbidisci al tuo richiamo, a quella voce interiore che non sai come ti ha trovato e da dove ti parla. Tutto quello che serve per giungere alla destinazione che ti ha indicato ti arriverà addosso. Non siamo noi a dover per forza rincorrere le necessità. Se lo facciamo, rischiamo di andare nella direzione opposta alla nostra meta.

Così seguo il consiglio di mio padre, la voce della mia vocazione, e vado in ordinario pellegrinaggio al «Muretto». A pochi passi da piazza San Babila, in una costola di corso Vittorio Emanuele, si apre largo Corsia dei Servi, dove gli scavi romani sono l'origine del nome con cui ci diamo appuntamento noi.

È un luogo storico dell'hip hop milanese e mentre sono qui, tra un allenamento e l'altro, ricevo una telefonata di Mosè: «C'è una scuola di danza ad Arluno che cerca un insegnante di breakdance, vuoi andarci?».

Arluno è a venti minuti di macchina da Mesero. Io la macchina non ce l'ho, ma ho due gambe in salute per arrivarci. Insegnare breakdance in una scuola mi sembra una cosa da film, eppure potrebbe accadere davvero. Mi fiondo al colloquio, affrontandolo con l'apprezzata veracità del mio accento pugliese che, associato alla nazionalità russa, suscita curiosità e simpatia.

La scuola si chiama D di Danza e Daniela, la proprietaria, si stacca improvvisamente dalle mie competenze disorientandomi con una domanda inattesa: «Quanto prendi all'ora?».

«Cosa? È uno scherzo?» Io questa battuta la faccio con gli amici, quando vedo qualcuno fermo al palo, come un commerciante di lussuria che offre il proprio corpo. Per me è una domanda assurda. A Conversano nessuno veniva pagato a ore, nessuno mi chiedeva quanto volessi. Io lavoravo, poi mi davano qualcosa e dovevo pure essere grato. Il massimo che ho ottenuto, senza chiederlo, è stato un compenso di quarantamila lire a settimana per lavorare da Mad Max. Ho solo quello come parametro di confronto, per cui, simulando una valutazione basata su più ampi fattori, mi guardo un po' attorno e, rivolto verso la palestra, per evitare il suo sguardo, contrattacco con un'altra domanda: «Quanto prendeva il vecchio insegnante?».

«Quaranta» replica con fermezza, mostrando di non inventare nulla. «Può andare bene per te?»

Quaranta euro l'ora. Per quattro ore alla settimana farebbero centosessanta euro. Per insegnare la breakdance. Vorrei rispondere facendole quattro capriole davanti, per l'incredula felicità, ma con un grosso sforzo riesco a trattenermi e mantenere una parvenza di professionalità.

«Sì» giudico con una sufficienza falsa come una banconota da trenta euro «va bene anche per me.»

Seicentoquaranta euro al mese per fare quello che amo. Torno a casa lievitando, camminando sulle nuvole di un miracolo metropolitano.

In piazza Gae Aulenti c'è un cantiere. Stanno costruendo la UniCredit Tower, quella che, dicono, con i suoi duecentotrentun metri sarà il grattacielo più alto d'Italia. Se mi fermo lì davanti a guardare gli operai all'opera, sembra sempre tutto uguale, ma se ci torno dopo qualche giorno un piano in più, un muro che non c'era, una vetrata. Io sono così.

Lavoro quotidianamente e non noto differenze, ma se mi esamino rispetto al giorno o alla settimana precedente mi accorgo di quanto sia cresciuto. Ogni ora che passo lavorando aggiungo un pezzo del ballerino che voglio diventare.

Lo notano anche i miei amici e Mosè, ammirato, ha un'intuizione.

«Ti andrebbe di andare al Five Stars?»

È una serata hip hop al Rolling Stone, celebre discoteca, a cui partecipano nomi che iniziano a circolare frequentemente nell'ambiente, con più prestigio, come i Club Dogo e Max Brigante.

«Certo che mi va.»

Ho accettato senza neppure sapere che ci fosse un compenso e, quando me lo quantifica, rimango a bocca aperta.

«Ci danno ottanta euro, a testa, per ballare dieci minuti.»

«*Milàn l'è un grand Milàn*» dicono i meneghini. Io sono nato a Mosca e cresciuto in Puglia, ma non sono mai stato più convinto di qualcosa, come in questo caso. È la terra delle opportunità. Qui l'arte della breakdance viene apprezzata e riconosciuta, tanto che inizio a pensare che possa essere davvero il mio futuro. Con i

Bandits, facciamo sempre più spettacoli e capita, talvolta, che a qualcuno sia richiesta un'esibizione individuale. Vengo invitato a un evento che si chiama Outlaw, per rappresentare l'Italia in un tabellone tutto estero. Mi sento investito di un grande onore. Non conosco tutti gli altri partecipanti, che ho visto solo nei video. Qui, però, ballano in carne e ossa. Mi ero un po' deprezzato alla vigilia, ma, facendo gli inevitabili confronti, mi rendo conto che non sono così scarso, anche se dallo schermo del pc sembravano mostri sacri. Al primo turno vinco contro un francese e al secondo mi capita il coreano Baek, il più forte al mondo, dicono, nella mia specialità.

«Che ho da perdere?» mi domando.

Nella peggiore delle ipotesi me ne torno a casa, con una bella esperienza da raccontare. Invece mi fermo ancora un po', perché metto a segno diversi passi difficili e vinco io. In semifinale devo arrendermi contro un russo e la sua nazionalità rende molto più digeribile la sconfitta.

Vengo comunque applaudito da un pubblico tutto italiano ed è una gran bella soddisfazione.

Nello stesso periodo il nostro mentore Twice ci chiama per un provino di MTV. Si tratta del programma *MTV Dance Show*. Io non vedevo l'ora di fare qualcosa di bello in televisione e mi presento puntualmente al casting. Vado benissimo, anche perché è piuttosto facile impressionare chi non capisce niente di questa danza. Mi selezionano subito come concorrente per il programma condotto da Francesco Mandelli, prossimo a iniziare le riprese della serie *I soliti idioti*. Come coreografo c'è Marco Migliavacca. Ci spiegano la coreografia in stile hip hop, quindi tutta in piedi, e per me che ballavo a terra è un bel problema.

«Ma sì» rifletto «l'importante è andare bene nella parte da solista.» Salgo sul palco e sbaglio tutta la coreografia. Poco male, perché ballo benissimo da solo e passo al turno successivo, dove devo scontrarmi con una ragazza che mi batte. Ma che soddisfazione quando, qualche giorno dopo, tutto rosso per l'imbarazzo, vedo la mia performance nello schermo di casa e mi sento una mezza celebrità.

Il mio accento barese è davvero imbarazzante. Comincia a tormentarmi, devo fare qualcosa.

«Come togliere l'inflessione meridionale.»

Lo chiedo a Google, che mi suggerisce una serie di video su YouTube in cui si fanno esercizi di dizione.

Bène. La «e» è aperta. Dièci. Idem. Lavoro sulle vocali e dopo qualche mese inizio a vederne (e sentirne) i frutti. Mi trovo più a mio agio, ora. Mi sento un po' più milanese, perché ormai questo è il posto in cui ho messo nuove radici ed è qui che sto scrivendo la mia storia, come il mio nome con le bombolette spray su cabine telefoniche, cassonetti e pali della luce. La cadenza pugliese, comunque, resta. Anche lì ho un po' di radici.

Il tempo scorre a tempo di hip hop e con i Bandits siamo sempre più affiatati. Sono entrato ufficialmente nel loro gruppo, siamo tutti molto entusiasti di quello che ci aspetta. Per essere più professionali, ci facciamo anche fare il sito da un amico di Roma. Siamo il primo gruppo ad averlo e, con l'uso sempre più massiccio di internet, veniamo spesso contattati. Facciamo tante gare e ne vinciamo la maggior parte ma, poiché il breaking non è ancora riconosciuto istituzionalmente, non possiamo ancora dire di aver vinto chissà cosa. Ci sono tante gare underground, destinate prettamente agli addetti ai lavori, ma quando vinciamo Freestyle Session, in una lussuosa villa di Rimini, diventiamo agli occhi di tutte le crew i più forti in Italia. Inoltre, particolare non proprio trascurabile, vinciamo la bellezza di ottocento euro a testa. Mi sento un nababbo. Per un altro evento NBA ci hanno dato addirittura diecimila euro da dividerci per un minuto e mezzo di spettacolo.

Giro l'Italia, con il gruppo e da solo. Negli anni vengo chiamato anche come giudice in diverse manifestazioni nazionali, persino in Calabria. È qui che noto un ragazzo bravissimo.

«Come ti chiami?» gli chiedo.

«Mowgly» risponde lui.

«Come quello del *Libro della Giungla*» constato senza la presunzione di aver scoperto l'acqua calda.

«Proprio quello» conferma.

«Eppure non sei selvaggio» mi complimento «anzi. Sei bravo, davvero bravo. Tu farai strada.»

«Grazie» mi spiega «tu hai ragione. Magari non sono un selvaggio, ma hai visto dove viviamo? Qui, rispetto a Milano, a New York, a Seul, ai posti in cui si può fare breakdance, è come stare nella giungla. Il vantaggio» continua scherzando «è che posso lanciarmi da un albero all'altro imparando nuovi passi spettacolari.»

Voto naturalmente per lui, che vince a mani basse la competizione e lo saluto.

«Ci rivedremo. Magari al BC One nazionale.»

«E perché no all'europeo?»

Mi piace molto lavorare con i ragazzi. Ormai, nella scuola di danza, insegno stabilmente da anni. Dopo soli sei mesi dall'inizio dei miei corsi alla scuola di danza, ho lasciato nuovamente casa dei miei e mi sono trasferito in un appartamento in affitto, proprio con Mosè. Adoro quello che faccio e sembra piacere molto agli allievi. Anche alle allieve. Una quattordicenne, in particolare, si siede sulle mie gambe, mentre sto spiegando la coreografia per il saggio di fine anno. Trovo sconveniente quell'atteggiamento così confidenziale e cerco di allontanarla con garbo, inventando una scusa che non la imbarazzi: «Jessica, va bene che sei carina, ma mi fa male la gamba. Alzati per favore».

Lei mi pianta in faccia due occhi da cerbiatto mutati in quelli di una tigre e mi inchioda con la sua precoce e autoritaria intraprendenza: «Guarda che se non fosse per l'età, mi avresti già sposato».

11

Raramente avevo visto il nonno in difficoltà, ma quella sera la mano che percorreva la testa, dalla fronte alla nuca, sostando lungamente a ogni capolinea, tradiva uno stato di insolito nervosismo. Papà lo aveva assediato con il suo esercito nero, di legno rifinito a mano, ancora forte dei suoi pezzi più pregiati. Lo schieramento opposto, invece, era già stato privato di una torre, un cavallo e un alfiere, oltre a vari pedoni immolati per la causa.

Le loro partite a scacchi si protraevano spesso per giorni, ma quello era evidentemente l'ultimo scontro. Io non ci capivo niente, avevo cinque o sei anni e me ne stavo per terra, sul tappeto, a simulare battaglie di soldatini. Quella sera, però, ero particolarmente attratto dalla tensione visibile che si espandeva dalla scacchiera.

«Scacco.»

Il re del nonno era sotto esplicita minaccia di una torre in D2. La sua mano era ferma sulla fronte, ma non per reggerne la disperazione. Il pollice da una parte, l'indice e il medio dall'altra, massaggiavano le tempie, come se sfregandole, come Aladino con la lampada, potesse uscirne un colpo di genio, che, in effetti, comparve all'improvviso. Il suo cavallo galoppò coraggioso in E6. Una mossa rischiosa, che esponeva l'equino ligneo a un sacrificio annunciato. Papà parve sorpreso per la facilità con cui si avviava a vincere la partita e diede a un semplice pedone l'onore di una mossa tanto utile alla causa, lasciandogli catturare il cavallo. Fu allora, però, che il nonno rivelò una strategia tutt'altro che remissiva o suicida. Le dita lasciarono la fronte imperlata di sudore, per afferrare la sua regina, scortata da un sorriso di sfida, spostandola da F7 a F8.

«Scacco» contrattaccò deciso.

Mi alzai da terra per assistere a quell'emozionante capovolgimento di fronte anche con lo sguardo e colsi papà irrigidito, come chi, percorrendo serenamente la strada indicata dalla mente, la trova, nella realtà, improvvisamente chiusa.

E ora? Anche Max e Polia si avvicinarono alla scacchiera, percependo l'attrattività di quella svolta.

Non poté far altro che sfuggire allo scacco e spostare il re in H7.

Il nonno, attuando il suo piano segreto, gli chiuse ogni via di fuga muovendo il suo unico alfiere in D3. La situazione si era clamorosamente ribaltata. Non c'era modo di evitare il matto imminente. Papà perlustrò i volti di tutti noi attorno al tavolo e concluse il suo giro visivo sugli occhi del nonno, che brillavano di lucida soddisfazione. Con una smorfia della bocca che, assieme al movimento affermativo del capo, ammetteva la superiorità del suo avversario, rovesciò il suo re in segno di resa e porse la mano al vincitore, con i suoi complimenti: «E bravo Semion».

«Bravo nonno!» aggiunsi.

«Bravissimo» si associarono gli altri due.

«Ma come hai fatto?» domandai.

Lui temporeggiò in un sospiro, per riprendere le energie mentali spese nella partita, e diede una lezione a tutta la famiglia: «Ogni partita a scacchi è una battaglia, ma anche un'opportunità. Fino all'ultima mossa, c'è sempre speranza. Oggi, quella speranza è stata la mia forza».

Questo ricordo mi ha accompagnato per tutto l'anno. Dopo la disfatta di Cesena, ho gestito la mia preparazione come una partita a scacchi. Come quella partita a scacchi. Nulla poteva essere trascurato. Ogni aspetto di un'esibizione doveva essere curato nei minimi dettagli, lavorando sul fisico, sui movimenti, sulla fluidità della dinamica, sulla spettacolarità, sull'ingresso, sulle uscite, sulla concentrazione, sulla musica, su tutto. Devo impostare una strategia d'attacco, tenendo d'occhio tutte le possibili cause di difficoltà che possono sopraggiungere anche dal più apparentemente insignificante dei pedoni avversari.

«Allora» mi fa un amico ai primi di marzo «vai al BC One e lo vinci stavolta?»

Vuole solo incitarmi, ma lo prendo come uno spocchioso carico di irresponsabilità: «Bisogna essere molto arroganti per pensare una cosa del genere».

Ci saranno i migliori sedici b-boys d'Italia e sono tutti di altissimo livello. Mi lusinga rientrare in questa élite, ma non basta. Voglio avanzare il più possibile, devo smacchiare l'orgoglio dall'onta dell'eliminazione al primo turno subita l'anno scorso, devo dare delle risposte a me stesso: Qual è la misura del mio talento? Con quanta efficacia ho lavorato? Quanto sono determinato a raggiungere il successo? E di cosa è fatto, davvero? Tra poco scoprirò tutto.

Il 21 marzo prendo il treno per Firenze, dove si svolge il Cypher italiano BC One 2012. Ho curato anche gli spostamenti, investendo in un viaggio con il Freccia Rossa, anziché un interregionale più economico, ma più dispendioso in termini fisici e nervosi. Devo centellinare ogni particella di energia, così, comodamente seduto in una dignitosa seconda classe, attorniato dal silenzio di viaggiatori computer muniti esigenti di concentrazione, mi addormento con l'hip hop nelle orecchie. La vibrazione del telefono mi desta venti minuti prima dell'arrivo, senza sottrarmi ad alcuna esperienza visionaria come quella che aveva accompagnato il mio viaggio lo scorso anno.

Il profumo del lampredotto diffuso da un chiosco fuori dalla stazione di Santa Maria Novella mi dà il benvenuto nella città di Dante. La mia destinazione è a soli quattrocentocinquanta metri, quindi, in cinque minuti a piedi, raggiungo il locale dove si tiene la competizione, The Space, e dove sono già stato per diverse serate e parti hip hop.

«Bella bro, come butta?»

«Va chi c'è!»

«Dai! Anche tu qui?»

Ci conosciamo tutti. Al photo shooting del pomeriggio, incontro gli altri concorrenti, tutti potenzialmente candidati alla vittoria. Nelle prove sul palco stiamo attenti a essere più banali possibili, senza sfilare dalla manica alcun asso conservato per la battaglia. Si chiama proprio così, «battle», la sfida tra due contendenti che si lanciano contro pezzi di bravura. A tavola siedo vicino al mio primo avversario, che rappresenta la Sardegna. Lo scruto, frugando nella memoria le varie occasioni in cui l'ho visto ballare, e constato che non ci sono grandi differenze tra noi. Vincere o perdere potrebbe essere solo questione del gusto personale di un giurato, che guarda quanto succede sul palco. Quello che c'è dietro, però, lo so soltanto io.

Ho sbagliato. Mi lamento con me stesso per gli errori commessi. Nell'attesa del giudizio, maschero, nella serietà del viso impassibile, la rabbia per qualche piccola imprecisione. Molto piccola. Io ho preparato la gara meticolosamente e l'ho percepita in tutte le sfumature, ma i giudici l'avranno davvero notata? Sto per scoprirlo. Alzano simultaneamente la paletta su cui è impresso il nome dell'atleta a cui hanno dato la preferenza. Due su tre dicono Froz. Ce l'ho fatta. La prima sfida è la più difficile di tutte, perché raccoglie la tensione emotiva, la paura di sbagliare, il terrore di andare a casa troppo presto, la resistenza del corpo che, alla prima esibizione, è come se si stesse ancora riscaldando. Però è andata. Per un soffio, ma è andata. Dovrò fare meglio, evitando le imprecisioni nella prossima gara, in cui mi trovo di fronte uno dei ballerini più completi e formati dell'ambiente. È fortissimo in piedi, a terra e nelle rotazioni. Ha un repertorio di passi molto vasto e un margine di errore ridotto al minimo. Esperienza da vendere. Nei pochi minuti che precedono la sfida, elaboro una sua dettagliata scheda tecnica, scoprendomi più motivato al sommarsi delle sue qualità. Più è bravo lui, più devo esserlo io, e i giudici dicono che lo sono davvero, perché vinco anche contro di lui.

Sono già in semifinale. Con la stessa rapidità con cui sono andato a casa un anno fa, oggi sono tra i primi quattro b-boys d'Italia.

Il mio avversario è uscito da una delle più emblematiche frasi di Muhammad Ali: punge come un'ape ed è leggero come una farfalla. Lo conosco bene e, alla lettura del sorteggio, non posso che andargli incontro per scambiarci un abbraccio di reciproco augurio.

«Grande Teo.»

«Grande Roman.»

Matteino è diventato grande. Il bello di affrontare un amico, un atleta che stimo molto, è che, comunque vada, potrò ritenermi soddisfatto. Se dovessi perdere contro di lui, saprei che ho ceduto contro uno dei più bravi e la sua possibile felicità, marginalmente condivisa, sarebbe una magra consolazione per l'eventuale delusione. Eventuale delu… Ma no, non voglio neanche nominarla, non voglio neanche pensarci. Va bene la sportività, va bene l'amicizia, ma questa è l'occasione che aspetto da anni, per cui lavoro duramente da dodici mesi, e mi farei uccidere piuttosto che perdere. Ballo col coltello tra i denti, per un intenso minuto e così concludo la mia prima performance, a cui risponde Teo con la sua.

Il regolamento, che consente ai contendenti di scegliere chi vuole iniziare, anziché ricorrere al sorteggio, mi dà una mano. Partendo per primo, infatti, ho la possibilità di prendere dieci o quindici secondi di fiato in più, perché il primo round è solitamente più lungo del secondo e del terzo. Un po' come i piloti di Formula Uno, che basano la strategia calcolando persino i centesimi di secondo nel cambio gomme, non trascuro neppure questo dettaglio e la tattica, in effetti, funziona, perché alla seconda entrata Teo ha il cuore che pompa più velocemente del mio.

Ho ancora qualche mossa artistica in serbo e sono tentato di sfoggiarla subito, ma poi ne sarei a corto per l'eventuale finale. Posso rischiare e affidarmi, ora, all'improvvisazione, per giocarmi il meglio in fondo alla competizione. Strategia o improvvisazione? Rischio o certezza? Scelgo la strategia e sfoggio un'altra entrata delle mie.

Subito dopo l'uscita di Teo, il deejay alza la puntina dal piatto e chiude la sessione. Aspettiamo la decisione dei giudici, che riflettono valutando la parte fisica, quella artistica e quella performativa. Nell'attesa io e Teo ci guardiamo, trovando l'uno negli occhi dell'altro le immagini degli anni nei Bandits, i ricordi dei tanti contest fatti in gruppo, alcuni vinti e alcuni persi. Ma, soprattutto, nel sudore che ci offusca la vista, rivediamo tutto quello speso insieme nei tanti, infiniti allenamenti, finché le palette iniziano ad alzarsi, frantumando l'attività della memoria.

Uno dice Teo. Due Froz. Sono in finale!

Fino a questo momento mi sono concentrato solo sulla breakdance, su ogni singolo movimento. Ora, però, non posso nascondermi dal pensiero di essere a un passo dal sogno. Sebbene cerchi di discostarmi, mi cerca, mi accarezza, mi avvolge e, alla fine, cedo avvinto, confidando le mie sensazioni a Claudio, che mi ha seguito a Firenze con buona parte della crew.

«Non è un sogno» mi sostiene lui «puoi farcela. Puoi farcela davvero!»

Tra me e questo miraggio reale c'è solo una sfida, ma estremamente difficile. L'altro finalista è B-boy Paco, che sta girando il mondo nel corpo di ballo del Musical Notre Dame de Paris di Riccardo Cocciante. È stato più volte ospite di Maria De Filippi nel suo programma *Amici*, il che lo eleva al rango di professionista ed è questa la qualifica a cui ambisco, forse ancor più del titolo di campione. Non voglio essere riconosciuto come quello che gira sulla testa, che muove le gambe come una giostra e che sembra morso da una tarantola. Voglio che le mie esibizioni siano riconosciute come lavoro e che le tante ore che dedico a questa disciplina siano equiparate a un mestiere. Non diversamente dai lavoratori dello spettacolo, come un attore, un cantante, un ballerino, quale in effetti sono. La breakdance è definita una danza di strada e, se non è il luogo a qualificare l'opera ma l'azione che la produce, perché producendo spettacoli di ballo non dovremmo essere considerati professionisti della danza? Un ciclista non è forse ritenuto uno sportivo, pur correndo per strada? Il luogo in cui si pratica sport o si esercita un'arte non la definisce, ma la completa, dandole l'ambientazione originaria che ne racconta la storia, ne declama l'essenza.

La nostra danza si fa per strada perché viene dalla strada, perché racconta la strada e la vita che ci passa attraverso, e forse, mi piace pensare, perché «è» la strada. L'unica percorribile per chiunque ne intraprenda il cammino, com'è capitato a me, che, dal campetto di Conversano, mi trovo sul palco del BC One per la finale del campionato italiano, vestito di tutto punto.

A un primo sguardo, soprattutto di chi non ha mai visto un evento di breakdance, sembro uno scappato di casa. Ho una fascia nera sulla fronte, su cui è stampato il mio nome, sopra la tuta dell'Unione Sovietica, molto abbondante. È quella della Nazionale di ginnastica. L'ho trovata sul sito di un'azienda che però consegna solo in Russia, quindi l'ho fatta spedire a un mio amico di Mosca e lui me l'ha inviata a Milano. Pantaloni neri e giacca rossa, con inserti bianchi e le celebri iniziali dell'Unione delle Repubbliche Socialiste Sovietiche sulla schiena, che, per il mio amico, sono considerate di buon auspicio.

«Ce la fai, ce la fai. Ce l'hai scritto anche sulla schiena. C.C.C.P. Col Cazzo Che Perdi.»

Che ne sa lui di quanto sacra sia questa sigla? Non me la sento neanche di riprenderlo, sono troppo concentrato sulla sfida, come Kasparov davanti alla scacchiera o, meglio, come lo era mio nonno quella sera che ho ancora nella mente come se fosse passata da pochi giorni.

Sono ancora indeciso su che entrata fare. Mentre un cantante intrattiene il pubblico prima dell'ultimo atto, la compongo mentalmente, come un puzzle. Mi siedo e ripasso le mosse per evitare di scordarmele o eseguirle in modo sbagliato. Ho poco fiato e non sono ancora sicuro al cento per cento dei passi da fare. Sono nervoso, finché non muovo il primo passo, il primo pedone. A quel punto sono un pezzo degli scacchi, sono un pezzo del mio corpo. Mi mangio il suo alfiere con un Chair Freeze, la posa in cui sostengo il corpo su un braccio, con le gambe sollevate in aria, e subito dopo mi pappo una torre con un Flare, gambe in cerchio, sempre in sospensione sulle braccia.

Paco risponde saccheggiando la mia linea dei pedoni con Headspin, girando sulla testa, e un Airflare strappa applausi. Il classico, ruotare spettacolarmente sulle mani, non perde mai il suo fascino.

Seconda sfida. Altro botta e risposta. Io prendo i suoi pezzi d'orgoglio e lui si mangia parte della mia autostima, respingendo perfettamente gli attacchi che ritenevo letali.

«Scacco al re» dice con una combinazione di passi che non mi aspettavo.

E ora? Che faccio? Mi passo la mano sulla fronte fasciata, attraversa i capelli e si ferma sulla nuca. Le dita tornano davanti, per spremere dalle tempie la mossa decisiva e così entro nel terzo round.

Tiro fuori alcuni dei miei trick più potenti. Mi giro in aria atterrando su mani e piedi. Il pubblico si spella le mani. Scacco. La musica si interrompe. Io e Paco, uno di fianco all'altro, aspettiamo che si alzino le palette, al centro del palco. Il presentatore chiama il verdetto dei giudici con il countdown: «Three, two, one».

FROZ. FROZ. FROZ.

È scacco matto.

La musica esplode, piovono coriandoli, gli amici mi travolgono. Urlo liberando tutta la tensione accumulata nella notte e l'attesa sommata negli anni. Sono il campione italiano di breakdance. Sono italiano e sono russo, sono a Firenze e sono a Mosca. Sono nel passato e nel futuro. Ma, soprattutto, sono nel sogno, il mio presente.

12

Putin ha vinto le elezioni. Il nonno me lo racconta come se fosse una grande novità, ma negli ultimi quattro anni, operando da primo ministro per Medvedev, ha sempre avuto un peso rilevante nel governo. Tuttavia, assecondo l'entusiasmo con cui snocciola dati trionfali.

«Quasi il settanta per cento dei voti.»

«Nonno, ma lo sai che ho vinto anch'io?»

Una settimana dopo le elezioni in Russia, ho vinto il BC One nazionale e la prima persona a cui voglio dirlo, il mattino dopo, è lui. Ai miei l'ho detto stanotte. Almeno credo. È tutto così annebbiato dopo la vittoria. Ricordo le bottiglie a cui, dopo mesi di rigido divieto, ho permesso di sedurmi e finire nei numerosi e gioiosi calici alzati. Ricordo la musica, gli amici, gli abbracci. In mezzo, devo anche aver chiamato a casa. Così, almeno, mi sembra di ricordare. La memoria riporta i postumi della festa, così come il mio corpo, già provato dalle esibizioni. Ho dolori dappertutto. In macchina, nella via di ritorno, guardo la pioggia strisciare sui vetri, come i ricordi sugli occhi, e telefono a Mosca.

«Ho vinto il campionato italiano di breakdance!»

«E questo è solo l'inizio» commenta lui a metà tra i complimenti per la vittoria e l'incoraggiamento per le prossime che profetizza.

Il primo appuntamento a cui devo presentarmi da campione italiano è il BC One Western Europe. A Rotterdam si tengono le finali europee per i vincitori delle sedici nazioni partecipanti, i migliori del continente.

Il 14 settembre decollo da Linate con Dario e Vincenzo della Red Bull, che mi accompagnano. La loro presenza mi investe di stima e responsabilità, fa del mio viaggio di piacere, perché amo quello che faccio, un viaggio professionale. Sono il loro rappresentante italiano e mi trattano con riguardo. Viaggio e albergo pagati, non tiro fuori un euro neanche per mangiare, provvedono loro a chiamare e saldare il taxi per gli spostamenti. Non lo devo a nient'altro che alla breakdance. Mi viene da sorridere pensando alle condizioni opposte della mia trasferta a Cesena, per il primo campionato italiano, poco più di un anno fa. Solo un anno fa. È incredibile la rapidità con cui la vita ti porge profili diversi della sua stessa faccia.

Mi presento alla Rotterdam Live Arena con aspettative modeste. Già essere lì mi sembra più di quanto potessi desiderare. Il mio obiettivo è vincere almeno una sfida, anche una sola, ma voglio lasciare qualcosa di me in Olanda. Voglio che sappiano chi sono e come sono. Non posso raccontarlo a parole, ho solo due mezzi a disposizione: la breakdance e l'outfit. Anche in questo caso, l'ho curato con attenzione, facendomi personalizzare una felpa grigia con una grande scritta sul petto divisa in tre colori. Due lettere in verde, due in bianco e altre due in rosso: ITALIA. Sotto, Bandits e sopra, ovviamente, Froz, ma dentro la O ho fatto disegnare la falce e il martello, per portare con me un po' di radici e sentire quell'energia che mi connette ai miei antenati.

La prima «battle», la sfida a colpi di passi, viene decisa non per sorteggio, ma per scelta degli organizzatori che mi mettono di fronte a Xisco. E lo fanno di proposito, pensando di rendergli più facile la prima sfida.

Xisco non è solo il campione di breakdance olandese, padrone di casa, è l'idolo dell'intero pubblico. Prima dell'inizio, il suo nome viene ritmicamente scandito dalla folla locale, che espone anche striscioni a lui dedicati. Io non vengo minimamente considerato, se non da qualcuno che pensa di commentare la mia presenza con qualche doveroso fischio in virtù della scelta patriottica a cui sono opposto.

C'è un solo italiano tra le centinaia di persone presenti. Mi sembra di stare a Mosca, ma nel film *Rocky IV*, quando Stallone viene accolto con ostilità dal pubblico che inneggia a Ivan Drago. Paradossalmente, però, le parti sono invertite. Lui è amato come il russo nel film, io, il russo vero, faccio il nemico Rocky.

«Tanto vale farlo bene» penso. Concentro tutte le mie strategie su questo turno, tutto il meglio del mio repertorio in una sola sfida. Il presentatore, come un arbitro di boxe, ci avvicina al centro del palco, con una sola raccomandazione: «*Let the battle begin*». Poi ognuno torna nel proprio lato, lui carica il pubblico e dà il via al deejay. Inizio per primo ed entro con un salto indietro, saltellando poi ritmicamente fino al mio avversario, per mostrare quanto sia tutt'altro che intimidito dalla sua fama e dal suo pubblico.

Sono carico ed elettrizzato. Metto a segno un trick che colpisce gli spettatori. Quando sono ancora per terra, girando come sulla schiena, sento l'esultanza corale del pubblico: «Uuuuuhhh».

Segue un timido accenno di applauso, di qualche coraggioso, che viene seguito da altri al termine di una sequenza ininterrotta di power moves, i movimenti acrobatici. Se fosse davvero un incontro di boxe, Xisco sarebbe alle corde, da cui esce metaforicamente provato, quando lo chiamo con la mano, in atto di sfida. La sua risposta è vuota, lavora d'esperienza con il corpo, ma nulla di lontanamente vicino alla performance che ho appena fatto. Nella seconda sfida, lo invito danzando a tornare al suo lato del palco, dicendogli col linguaggio del corpo: «Scansati e guarda come si fa».

Un paio di mosse originali: atterro morbidamente sulla schiena che in un rapido movimento elastico mi ributta in piedi e poi torno giù facendo dei balzelli, a tempo, sul gomito. Salto letteralmente in verticale sulla punta del gomito, una mossa che costringe tutta la folla a convertirsi. La parte resistente cede al terzo e ultimo round. Ora l'intera arena è dalla mia parte. Il pubblico che gridava «Drago, Drago, Drago» e poi «Rocky, Rocky, Rocky» è passato da «Xisco, Xisco, Xisco» a «Froz, Froz, Froz».

Il mio avversario, probabilmente, ha adottato una strategia opposta alla mia, tenendo il meglio per le prossime sfide, ma ha sbagliato, perché non ce ne saranno, per lui. Quando il presentatore chiama il verdetto dei giudici, si alzano tre cartelli con lo stesso nome. Il mio. Una vittoria schiacciante, che sottolineo mostrando fiero la scritta sul mio petto: ITALIA. Vengo da lì, anche se non ho nemmeno il passaporto della sua Repubblica. Sarò anche russo, di origine, ma ora vengo da lì, dalla mia seconda patria, in ordine cronologico, non affettivo. Ed è lì che torno il giorno dopo, per preparare subito il prossimo BC One nazionale.

Duemila e credici. Festeggiamo così il Capodanno, scambiandoci gli auguri, a mezzanotte, con i calici alzati e un imperativo che porti quest'anno nella storia, almeno nella mia. Credici! Nel 2012 sono diventato campione italiano di breakdance, ma a Rotterdam ho capito che posso puntare più in alto. Dopo la prima entusiasmante sfida, ho perso e sono stato eliminato al secondo turno. Non è stata una sorpresa. Me l'aspettavo, avendo esibito tutto il mio patrimonio artistico con Xisco, e quindi non è stata una delusione. Al contrario, sono tornato a casa con il più grosso premio a cui potessi ambire: la consapevolezza. Battere il mito del breaking olandese, forse il migliore in Europa, batterlo in quel modo, cioè distruggerlo, ha delineato in me lo spessore del mio valore e, quindi delle mie speranze.

«All'Italia!» esclamo sollevando il bicchiere per un brindisi.

«All'Europa!» dilaga qualche cosmopolita che, in realtà, non si sta riferendo al confine territoriale, come avevo fatto io, ma a quello della breakdance.

«Puoi farcela» mi incoraggiano. «Alla tua.»

«Alla nostra» ricambio. «A questo 2013.»

«Duemila e... credici» insistono.

Crediamoci. Intanto c'è il BC One Italy di Modena. Il 23 marzo mi presento alle qualifiche da campione in carica, quindi da sfavorito, perché ripetersi è così poco probabile che nessuno scommetterebbe un solo euro o rublo sulla mia doppietta. Appena metto piede al Vox Club di Nonantola, dove si tiene l'evento, mi rendo conto di quanto sia alto il livello competitivo. È facile constatare che non sono certo l'unico che si allena con impegno, l'unico che si sbatte, l'unico che vuole emergere, l'unico a volere l'osso per cui tutti digrigniamo i denti.

Qui mi impongo di vincere almeno un paio di sfide, la semifinale è il mio obiettivo minimo. Dopo quello che ho fatto a Rotterdam, un'eliminazione ai primi due turni sarebbe un fallimento, ma il fallimento non è contemplato e mi ritrovo ancora in finale. Dall'altra parte c'è Gabriele, un b-boy completo, è l'anima del gruppo DeKlan, gente che non scherza e che, da cinque anni, vince il campionato italiano coreografico di breaking. Ho una grande occasione, quella per dimostrare di essere non solo speciale, ma unico. Tutti vogliono partecipare al BC One, solo sedici riescono. Uno vince, ma nessuno, finora, lo ha fatto due volte di fila. Nei trenta minuti che precedono la sfida, mi siedo in un angolo trascinandomi dietro il mio zaino, ne estraggo il foglio di un quaderno su cui ho scritto un promemoria: dieci esibizioni per le sfide. Ci ripasso sopra gli occhi più e più volte, come se avessi bisogno di leggerle per ricordarmele. Le so a memoria, ma vederle impresse le consacra come imprescindibili e imperative. Se sono scritte, le devi fare.

Negli ultimi mesi ho lavorato per aumentare il serbatoio di fiato e questo mi permetterà di essere più lucido e preciso nell'esecuzione di tre pezzi «a bomba».

Gabriele balla bene, come sempre, ma la sua entrata non è incisiva come risulta essere la mia, a giudicare dall'entusiastica reazione del pubblico che genera un riciclo di energia: io la do a loro, loro la restituiscono, potenziata, a me. Mi penetra dai pori della pelle e scorre attraverso le mie fibre corporee fino all'anima. Io non so dove sia la mia anima, se nella testa, come sosteneva Cartesio, nel cuore, nello stomaco o fuori di me, ma senza dubbio so cosa mi sta dicendo: balla!

Quando entro per il mio secondo passaggio ho mille occhi addosso, ma non mi impressionano e non mi pesano. Mi sento il pifferaio magico e ho conquistato la folla anche questa volta, che mi sostiene battendo le mani a tempo di musica. La scena è mia e me la tengo stretta per tutti i quarantacinque secondi a mia disposizione. Anche la seconda entrata va a segno, poi commetto qualche piccola imprecisione, ma riesco a mascherarle da pause sugli accenti del brano. Gabriele risponde creando la giusta aspettativa nel pubblico divenuto più esigente per la qualità crescente. Ho solo due possibili prospettive: o spacco e ci provo, oppure sbaglio e vado a casa.

Sgancio l'ultima bomba che ho nel mio arsenale fisico e mentale, l'ultima sequenza di note che esce dal flauto del mio corpo, il mio trick e passo preferito che ha già steso l'arena di Rotterdam: i saltelli sulla punta del gomito. Parto deciso, ma, con mia dimessa sorpresa, rimbalzo poco e male, non riesco a chiudere la combinazione come avrei voluto, com'era scritto sul foglio del mio quaderno. Per fortuna la reazione del mio avversario non sembra migliore, però neppure peggiore. Il risultato è in bilico, sospeso nel giudizio che aspetta il segnale per liberare gioia o delusione. A chi toccherà una o l'altra? Sto per saperlo.

La puntina del giradischi si alza, la musica esce di scena. C'è un secondo, uno solo, in cui l'intero locale è in silenzio. È poco più di un attimo, ma sufficiente a cogliere qualche fuggevole immagine del mio passato. Lampi della storia che, messi insieme, ripercorrono la mia vita prima di dedicarmi al breaking, quindi, in realtà, la vita di un altro me, perché io oggi so essere solo nel personaggio che balla.

Ho dei flash delle ore di tennis sotto il sole con mio padre, della cintura nera di karate. I pattini in linea, il lavoro da Mad Max, le opportunità che ho colto e quelle che ho perso, gli amici, il nonno, i miei genitori, che si sono impegnati duramente per impartirmi la disciplina del soldato civile, dell'uomo che solo con una rigida educazione può raggiungere i suoi obiettivi.

Ho speso un sacco di soldi in viaggi. Ore e ore di treno, anche solo per essere presente o, peggio, per perdere al primo turno contro uno più scarso di me. Sento le voci che mi dicevano di lasciar perdere perché con la breakdance non si vive, non è di moda e non sarà mai sufficientemente popolare per farne un mestiere.

Ho una lista di infortuni più lunga di un reduce di guerra, a cui potrei aggiungere quello morale della delusione. Considero l'idea che potrei perdere e sento scivolarmi dalle mani la gioia che sul palco, ballando, avevo potuto toccare, accarezzare, stringere. Poi, però, per reazione istintiva, perché geneticamente sono programmato al combattimento, senza contemplare la resa, nemmeno quella mentale, mi scuote la frase del mio amico Wad, un conduttore di Radio Deejay: «Nessuno può toglierti quello che hai già ballato».

Diamine, ha ragione. Io ho ballato e nessuno può togliermi tutto quello che ci ho messo dentro. Qualunque cosa dicano i cartelli che stanno per alzarsi. Frugo tra la folla alla ricerca di qualcuno che possa anticiparmi il verdetto, almeno il proprio. Trovo Mosè e gli lancio un'occhiata interrogatrice, mi risponde con un pollice in su. È solo il suo parere, certo. Il parere di un amico per cui sei tu il vincitore, anche se perdi, anche se il nome sui cartelli, dopo il conto alla rovescia, non è il tuo: three, two, one...

13

Che bella Milano quando dorme. È passata mezzanotte e abbiamo appena finito di allenarci, sul marmo liscio di largo Corsia dei Servi. Da corso Vittorio Emanuele si vede uno spicchio di Duomo sporgersi dai palazzi, come un genitore che si affaccia nella camera dei figli per rimproverarli: «Ancora svegli? È tardi, andate a letto!».

Così, le vie che fino a qualche ora prima brulicavano di persone, si assopiscono nel più totale e irreale silenzio. Il cielo le rimbocca una bianca coperta di neve che ha appena iniziato a far scendere. Buonanotte, Milano.

Sembra impossibile che una città così caotica, fredda e sfrontata con la luce, nasconda nel buio un'identità opposta, timida, accogliente, pacifica. Il frenetico via vai di impettiti manager in giacca e cravatta ha fatto posto a un mulinello di cartacce solitarie che si rincorrono come se stessero giocando a «ce l'hai», il crogiolo multietnico di turisti ha lasciato le vie all'aria fredda di gennaio, che ci soffia sopra, spazzando via un altro giorno e con esso i suoi affari, le sue preoccupazioni, i suoi ricordi.

Proprio quest'idea della cancellazione mi trattiene a pensare. Tutto quello che oggi ci affanna domani sarà passato. Tutto ciò che oggi ci gratifica domani non ci sarà più. La vita è come queste strade del centro. Per quanto appaiano piene, arriverà un momento in cui non resterà niente, se non il nome delle vie, di qualcuno che ha lasciato qualcosa, che ha vissuto perché la sua esperienza fosse visibile anche senza di lui.

Non mi aspetto che un giorno si legga piazza Roman Froz, b-boy, dove oggi c'è scritto largo Cairoli, ovvio. Però, vorrei aver vissuto per uno scopo, per essere ricordato come colui che è stato, non che ha avuto. Froz, uno che ha fatto, non solo che è esistito.

«Froz, vieni?»

Mosè si imbuca nella metropolitana di piazza San Babila, invitandomi a seguirlo, ma stavolta lo lascio da solo.

«Vai tu, io mi fermo qui ancora un po'.»

«Ma sei scemo?» obietta legittimamente lui. «A fare che?»

«Niente» spiego col rischio di sembrargli matto «a furia di ballare in ogni momento, non ricordo più come si sta fermi. A furia di sentire rap in ogni attimo, non ricordo più com'è il silenzio. Vai tu, io resto qui a godermelo un po'.»

«A furia di stare al freddo» conclude sarcasticamente lui «ti si è congelato il cervello. Ci vediamo domani. Buonanotte.»

«Buonanotte, Mosè, a domani.»

Mi siedo sulla balaustra della metro e fisso il pavimento della piazza, immaginandomi mentre ballo. Mi guardo da un punto di vista esterno, come se fossi uno spettatore, rivedendo i movimenti che ho provato per tutta la sera. Come li valuterebbe un giudice?

Vedo me stesso che salta sul gomito. Cosa ne penso? Tra lui e un altro, chi sceglierei? Se fossi alla finale italiana del BC One, quale nome mostrerei sul mio cartello?

«Three, two, one…»

La voce dello speaker mi sveglia improvvisamente dal ricordo di quella fredda notte di gennaio in cui mi allenavo per le gare che sono appena finite e leggo il triplice verdetto unanime: FROZ!

Altro che fiocchi di neve. Mi piovono addosso coriandoli e complimenti. Senza accorgermene, mi ritrovo in lacrime. Non avevo mai reagito così, ma l'improvvisa realizzazione di essere ancora campione italiano mi ha strappato la tensione liberando una gioia mai provata prima. Poso per non so quante fotografie.

«Fai vedere bene la maglietta» mi invita un operatore. Capisco che, in effetti, è inusuale. È rossa, con l'immagine di Ivan Drago in giallo e sotto, dello stesso colore, la scritta «*I must break you*». «Io ti spiezzo in due» è più cinematografico, ma il messaggio che cela è forte, se rivolto al muro di difficoltà che chiunque incontra davanti al proprio sogno. Sul lato sinistro, il simbolo della falce e del martello. Voglio ricordare e far ricordare da dove vengo e chi, col proprio sacrificio nella storia, mi ha permesso di essere qua.

Abbraccio Gabriele e stringo la mano agli altri avversari. Oggi è andata meglio a me, sono io che ho tagliato il traguardo, ma abbiamo corso tutti per lo stesso obiettivo. Forse in qualche ora aggiuntiva passata sul marmo ghiacciato di Milano c'è lo sprint che mi ha fatto arrivare davanti a tutti ed essere il vincitore, ma so benissimo come si sentono tutti gli altri. Il confronto è impietoso. Se vinci, prendi il treno per gli europei e la possibilità di batterti ancora. Se perdi, resti sulla banchina, davanti al convoglio che se ne va, lasciando i rimpianti sul binario. Avrei potuto, avrei dovuto… Conosco bene anche quella sensazione.

Mi spruzzano addosso lo spumante. E a sbocciarmelo in faccia è proprio Matteino. È esplosa la festa al Vox ed è una bomba. Balliamo e beviamo, beviamo e balliamo, beviamo e beviamo, perché di ballare ci siamo stancati.

Rientro in albergo a un'ora vergognosa, ma ancora più deprecabile è lo stato in cui ci arrivo. È il mio amico Jacopo a sorreggermi come una balia. Mi aiuta persino a mettermi a letto.

«Buonanotte, campione.»

«*Bobrwu… babbrr… pù.*» Non ho idea di cosa gli ho bofonchiato in risposta.

I festeggiamenti proseguono a Milano per giorni, giorni di meritato e goduto relax. Celebro la vittoria con la mia crew, con i miei amici e con i miei allievi. Proprio da loro ricevo i complimenti più apprezzati, dai miei ragazzi. Sento tutto il loro sincero calore. Mi vedono come un mezzo eroe, inorgogliendomi oltre ogni aspettativa. Non credevo di poter ricevere così tanto facendo solo l'insegnante di ballo.

Naturalmente festeggio anche con i miei genitori e, al telefono, con il nonno: «Perché non vieni ad allenarti a Mosca, per i prossimi europei?».

«Nonno» realizzo «sai che non è per niente una cattiva idea?»

«Quindi vieni?» domanda caricando la decisione.

«Sì, nonno» mi convinco «vengo.»

L'estate di Milano non è l'ambiente più adatto per prepararsi a una competizione sportiva importante e ancora meno lo è quella di Conversano, dove passo l'ultima settimana di luglio per allenarmi con alcuni ex allievi che hanno raggiunto il grado di insegnanti. È tempo di cambiare aria. Inoltre, il livello dei ballerini russi è stratosferico. A Mosca lavorerei con uno dei gruppi più forti al mondo. Non posso che imparare e ho tutta l'intenzione di farlo.

Dunque, sto arrivando, Mosca. Anzi, *Ya pryedu Moskva*. La lingua non l'ho certo dimenticata. Il cordone ombelicale è ancora attaccato.

Quindici gradi. Venti. Venticinque, al massimo, non di più. La temperatura media estiva nella Russia europea, comprese città come Mosca e San Pietroburgo, era questa. Non ricordo di aver mai sudato particolarmente quando ci vivevo da bambino, ma oggi le cose sono un tantino diverse.

Se qualche sventurato turista si immagina di atterrare nelle condizioni di Stallone in *Rocky IV*, rischia uno choc. Se immagina di proiettarsi negli scenari climatici di Arkady Renko, il detective siberiano inventato dallo scrittore Martin Cruz Smith, resta tramortito dalla sorpresa. Invece, se al posto di «Moscow», in aeroporto, ci fosse stato scritto «Bari», nessuno avrebbe notato la differenza.

Quando atterriamo ci sono più di trenta gradi. Lo faccio subito presente ai parenti che sono venuti a prendermi, chiedendomi se, per caso, fosse uno scherzo.

«Ditemi la verità, siamo in Puglia e, d'accordo con la compagnia aerea, mi avete giocato un tiro. Siamo su *Scherzi a parte*, vero?»

«Cos'è *Scherzi a parte*?» domandano seri.

Già. Scemo io che gliel'ho chiesto. È tutto vero. Siamo vicini alla Siberia, ma c'è un caldo tropicale e mi dicono che tre anni fa è stato addirittura peggio, con punte superiori ai quaranta gradi. Roba che da Gallipoli venivano qui per prendere il sole. Il mio, di sole, è il nonno, da cui mi fiondo appena metto piede in città.

Gli mostro i video delle mie vittorie sul telefonino, lui mi inonda di complimenti gratificanti e mi promette che vedrà le finali europee di settembre, che saranno trasmesse in streaming.

Dopo di lui, dedico mezza giornata al tour familiare, girando per le case dei parenti che non vedo da anni, poi stilo una tabella di marcia dettagliata del programma di allenamento. Sono qui per un obiettivo preciso e non ho molto tempo prima delle finali. È il primo agosto, mi resta poco più di un mese.

I b-boys sono dappertutto, sono tantissimi e so dove posso trovarli. Solo a Mosca città ci sono almeno dieci gruppi che se la giocherebbero alla pari con i più forti del continente.

«Guarda, nonno» gli dico indicandogli la mail sul cellulare. È l'invito della Red Bull con il programma dell'evento. Li vedi questi quindici nomi? Farebbero paura a chiunque.»

«Non a te» mi rimprovera preventivamente. «Noi abbiamo fatto la guerra, noi non temiamo nulla.»

«Sì» vorrei correggerlo «TU hai fatto la guerra, non io», ma il suo plurale è patriottico. Io sono nato in Russia come lui, ho il suo sangue, la sua storia nazionale. Se lui è stato un soldato sovietico, io in Italia mi ispiro ai partigiani. E i partigiani non hanno paura. Di niente e di nessuno. Se non hanno temuto i nazisti, affrontati a viso aperto, niente su questa terra può farli indietreggiare. È questo il fuoco che sento dentro.

Il suo imperativo mi scuote e mi stimola. Inoltre quest'anno, a differenza della finale di Rotterdam del 2012, i primi turni saranno su due soli ingressi, il che mi darà la possibilità di condensare quello che so fare in un numero inferiore di esibizioni e, quindi, spingere ancora di più.

Al momento non ho una tattica precisa già delineata, ma con l'esperienza ho capito una cosa importante: in una battle non ha alcun senso risparmiarsi e tenersi i passi migliori per la finale. Penso che sia stata questa, per esempio, la strategia di Xisco, che, fortunatamente per me, gli è costata l'eliminazione al primo turno. Se il pistolero di un far west, davanti al saloon nel duello di mezzogiorno, usasse i piombini al primo colpo per tenersi la pallottola da sparare in seguito, farebbe la festa degli sciacalli che banchetterebbero sul corpo esanime di un previdente sprovveduto.

Bisogna usare subito tutte le cartucce, tirare fuori il cento per cento del potenziale. È inutile avere dieci performance fenomenali che non potrai mai usare se perdi la prima sfida.

Decido di alternare l'allenamento: un giorno di breaking e uno di potenziamento fisico. Me lo ha suggerito un b-boy americano anni fa e, ancora oggi, è il metodo migliore per dare al corpo il tempo di riposare, assorbire la fatica e rafforzarsi. Per il lavoro fisico scelgo il parco sotto casa. È molto ampio, con diversi percorsi, tanti attrezzi a cui appendersi per fare trazioni e un ruscello di acqua gelida dove i moscoviti fanno il bagno. Il primo giorno ci vado con mia nonna e, mentre mi guarda fare esercizi, parliamo di tante cose. O, meglio, lei parla.

«Una volta era diverso.»

«Diverso come, nonna?»

«Era tutto più faticoso. Tu forse non ricordi la vostra prima casa, per esempio.»

«Mi ricordo che c'era tanto rosso.»

«Sì, tanto rosso o, meglio, bordeaux. Era il colore della moquette della vostra stanza.»

Nonna non rievoca una stanza della casa, tipo la cameretta, bensì la stanza che era casa per tutti e cinque. Fino al 1987, quando io avevo due anni e Polia uno, abitavamo in una casa comune. Significa che in ogni stanza c'era una famiglia diversa. Noi stavamo tutti insieme, dunque, in meno di quindici metri quadri, con un bagno in comune (per una ventina di persone) e una cucina da condividere.

«Poi» continua nonna «il governo Gorbačëv ha dato a tuo padre un quadrilocale. Gratis.»

Ecco perché in Russia non era possibile essere poveri. Nessuno veniva lasciato senza un tetto sulla testa e, di conseguenza, senza dignità, senza quell'autostima che, non venendo intaccata dal tardivo progresso industriale dell'Unione Sovietica, getta le fondamenta di uomini e donne capaci di credere in sé stessi e perseguire i propri obiettivi, per quanto ambiziosi.

Nonna crede ciecamente in quello che faccio e, anche se non sa nulla di breakdance o del BC One, per lei sono il numero uno.

«Nonnina cara» modero «è una montagna altissima e impervia. È molto difficile da scalare.»

«E tu» suggerisce «non salire. Scendi. Lanciati dalla nuvola, dal sogno, e plana sul bersaglio.»

E chi la faceva così poetica?

«Tuo nonno» racconta per spiegare l'origine della sua vena «mi diceva sempre belle parole. Era forte e romantico, matto e responsabile. Tu gli assomigli molto.»

«Grazie, nonna. È il complimento più bello che mi abbiano mai fatto.»

La stringo forte. Col tempo si è fatta piccola come una bambina. Sono fortunato a essere qui con lei.

Al suo posto, il giorno dopo, ci sono amici e colleghi, ma impatto in uno di quei momenti NO che arriva quando meno te lo aspetti, come un acquazzone nel pomeriggio di una gita ad agosto, e non puoi farci niente se non cercare riparo, ma fatico a trovare una tettoia morale. Gli anni passano anche per me e a fine mese saranno ventisette. Nello sport sono quasi a fine carriera. Mi fanno male i lombari, le cuffie dei rotatori e anche le ginocchia. Come diceva Woody Allen? «Dio è morto, Marx è morto e anch'io non mi sento tanto bene...»

Cerco di provare dei pezzi che penso di fare all'europeo, ma, a fine giornata, l'esito della sessione è disastroso: nessuna entrata fatta bene, zero feeling con la musica e mille dubbi sulla testa, altro che tettoia. Sarò all'altezza di questa prova?

14

Non so se ce la faccio. Mi sento tutto rotto, fuori e dentro. Sono venuto in Russia per prepararmi alle finali europee e non riesco a fare un'entrata in modo decente. Ma cosa mi ero messo in testa? Diventare campione europeo? In un vortice di regressiva negatività, mi domando addirittura come ci sia arrivato tra i migliori sedici del continente. Sono scoraggiato, pieno di insicurezze. Mi serve la saggezza di chi sa rimuoverle.

«Nonno, non posso allenarmi.»

«Non puoi o non vuoi?» ribatte lui, abbassando lo sguardo sui miei arti inferiori. «Vedo che hai ancora le gambe. Tutt'e due. Perché non puoi allenarti?»

«Mi fanno male tutti i muscoli» mi giustifico. «E poi sono scoraggiato. Non ho voglia di andare incontro a una figuraccia, non mi va molto di faticare come un mulo, forse inutilmente.»

Lui mi gira attorno e si ferma dietro di me. Si alza sulle punte per ispezionarmi la nuca con gli occhi.

«Non la vedo.»

«Non vedo cosa?» domando incuriosito.

«La pistola. Non la vedo» risponde con il rimprovero che ha pazientemente preparato. «Non hai un'arma puntata alla testa. Nessuno ti obbliga a fare la breakdance. È stata una tua decisione. Hai scelto di ballare per essere qualcuno, puoi sempre scegliere di smettere ed essere nessuno.»

«Nonno» mi oppongo timidamente «c'è tanta gente che non balla. Tu non balli, ma non si può certo dire che non sia nessuno.»

«Ognuno è quello che sceglie di essere» spiega. «Siamo fatti di carattere, volontà, passioni. Ognuno ha le proprie ed è sé stesso quando dà loro forma, la forma di sé. Tu hai avuto il carattere per iniziare a fare qualcosa che nemmeno si sapeva cosa fosse, hai avuto la volontà di farne un lavoro e la passione per farlo bene. Tu sei questo. Tu sei la breakdance. Se la molli, se rinunci, non sei più niente. Se invece vuoi essere Froz, rimettiti in piedi e combatti.»

Ha liberato la sua terra dagli invasori, il nonno. Ora libera me dai dubbi, dall'insicurezza, dalla paura. Mi è entrato dentro, armato della sua esperienza, e ha fatto fuori tutti i nemici che mi avevano occupato la mente.

«Grazie, nonno. Bentornato, Froz!»

Ho bisogno di un professionista che mi metta a posto i muscoli. A Milano ho il mio fisioterapista di fiducia, ma qui non conosco nessuno. Mia madre, però, mi fa il nome di un tipo. L'amico di un'amica, di un parente di un'ex vicina. Non so come ci sia arrivata, ma ha trovato qualcuno che pare faccia miracoli e decido di andarci. Si trova in periferia e, per arrivarci, cambio tre linee della metro. Suono il citofono e il portone si apre. Senza una parola.

«Che piano?»

Nessuno risponde. Lo troverò. Inizio a salire le scale, ma al secondo mi blocco. Un enorme cane scende dalla direzione opposta. È tutto nero e ha gli occhi che brillano, ma non sembra cattivo, almeno finché non mi mostra i denti. Faccio un passo indietro, poi ricordo ciò che qualcuno mi disse sui cani: fiutano la paura, percepiscono e interpretano i feromoni e la vivono come una minaccia. Cambio atteggiamento e vado avanti, notando che anche lui si è ammansito. Se avesse avuto un cappello se lo sarebbe tolto per dirmi «buongiorno, signore, passi pure». Gli sfilo di fianco e continuo a salire, raggiungendo l'appartamento giusto, indicato da una targa sulla porta.

Un uomo con una lunga barba e una specie di tunica addosso mi accoglie senza proferire parola, con gesti quasi teatrali che mi invitano ad accomodarmi. Non so se stia usando la massoterapia o la magia, ma mi sblocca dalle contratture. Chiude gli occhi e borbotta qualcosa che non capisco. Mi sembra tutto così surreale. Però funziona. Ci torno anche il giorno successivo e quello dopo ancora.

«Grazie, maestro.» Mi viene da chiamarlo così per il misticismo che ispira e voglio ricompensarlo. «Come ringraziarla?»

«Sono trecento euro» taglia corto lui, sfoderando un insospettabile lato pratico.

«Ah» commento in silenzio «quando vuole, sa parlare.»

Alla faccia del misticismo. Sono finiti i tempi dei «magazin», i negozi alimentari dove compravi di tutto con pochi spiccioli. Mosca è diventata una delle città più care al mondo.

Soldi a parte, però, mi sento meglio. Molto meglio. Sento tornare l'energia di un tempo, finalmente. I muscoli non mi dolgono e la mente elabora pensieri positivi. Torno a concentrarmi sul BC One, focalizzandolo nei quindici nomi dei miei avversari, che mi passano di fianco come il cane sulle scale. Non fanno paura e non indietreggio. Li leggo con autorità e me li lascio scorrere di lato, continuando a salire i gradini della mia ambizione ritrovata.

Riprendo ad allenarmi, raggiungendo gli altri b-boys con non poca fatica. Il tragitto è spesso molto lungo. Mosca è enorme, più grande di New York. La city americana si espande fino alla costa. A un certo punto c'è l'Atlantico, non puoi andare oltre Staten Island. La capitale russa, invece, sembra non avere confini. Se la guardi di notte, dal satellite, vedi un enorme ragno color oro, grande come l'Umbria.

Anello dopo anello, l'area urbana ha inglobato zone che cinquant'anni fa erano aperta campagna. Nonno mi racconta che nel 1941 i tedeschi non raggiunsero la città, si fermarono prima, proprio in questi larghi cuscinetti di terra che oggi sono pieni di case e negozi. A indicare il punto in cui furono respinti dall'Armata Rossa, a Chimki, c'è un monumento. Tre cavalli di Frisia affiancati. Non proprio belli, artisticamente, ma imponenti. Si vedono anche dall'autostrada. Costruiti durante il conflitto, venivano utilizzati per ostacolare la cavalleria e la fanteria nemica, oggi sono il simbolo della tenacia, rappresentano l'ostinata resistenza e la determinazione nella difesa della nostra città contro gli invasori. La nostra città, sì, nonostante mi senta ormai italiano, dopo quasi vent'anni vissuti tra Puglia e Lombardia, ogni volta che metto piede sul suolo russo mi sembra di aprire la porta di casa. Una casa enorme.

La Lonely Planet, casa editrice specializzata nelle guide di viaggio, attribuisce a Mosca dodici milioni di abitanti. Sì, certo. E gli altri? Probabilmente indicano un numero inferiore per non spaventare i turisti, ma i moscoviti sono quasi venti milioni. Solo le infernali megalopoli dell'India o dell'Africa nera sono più grandi.

Percorrendola, mi sembra di assistere a una lezione di storia. Mi parla con le sue strade, le sue case, i luoghi rappresentativi, come il monumento di Gagarin, dove venivo da bambino, la magnifica cattedrale di San Basilio, il mausoleo di Lenin. Il Cremlino, naturalmente.

Mosca (anche se provincia), teatro di tante battaglie. Qui mi preparo per le mie.

«Battaglie?» si stupisce qualcuno. «Ma ballare non dovrebbe essere un divertimento?»

Sì, d'accordo, lo è, ma quando punti in alto, quando vuoi alzare il tuo livello, superare i tuoi limiti o, meglio, quelli che pensavi fossero tali finché non diventano un ricordo, inizia la vera lotta.

È una lotta contro le tentazioni, quando devi alzarti dal letto la mattina presto e non ne hai voglia e ti bisbigliano sinuosamente «puoi farlo domani». È una lotta contro le giustificazioni. Mi fa male questo, mi fa male quello, non posso andare in sala pesi, se faccio cento piegamenti oggi non riesco a provare i passi. Ma cosa vuoi che sia un hamburger? Quanto male potranno mai fare queste piccole innocue patatine fritte?

Soprattutto, però, è una lotta con te stesso. Uno dei motivi per cui i ballerini sono così amici è che ciascuno fa da sparring partner all'altro. Ci si sacrifica perché ognuno possa misurarsi, fondamentalmente, con sé stesso. Solo con sé stesso. Così inizio a valutare i miei mezzi, partendo dal fiato. Il mio «sparring» è un amico detto «carro armato» perché non molla mai. Ne trovo abbastanza e questo mi conforta.

Provo entrate potenti. Ho una buona sensazione. Inizio a sentire la forza che torna in me e la lascio fluire, prima con moderazione, poi sempre più impetuosa.

Ripeto le entrate una, due, dieci volte, fino alla nausea. Alla fine della sessione sono esausto, ma ho eseguito tutte le sequenze nel modo in cui le avevo esattamente pennellate nella mia mente e le immagino riprodotte sul palco degli europei, a Napoli, il 14 settembre. Sono pronto.

Finalmente un po' di fresco, anche se artificiale. L'aria condizionata dello Sheremetyevo International Airport mi dà sollievo, mentre mi appresto a lasciare la Russia con molta pazienza. La fila, all'imbarco, è immobile. Tutti fermi, tranne un ragazzino che mi sbuca davanti.

«Sei Froz?»

Non gli rispondo. Scandaglio l'Hub dell'aeroporto, ruotando la vista di trecentosessanta gradi, come un faro sul promontorio, per trovare i mandanti di quello che giudico evidentemente uno scherzo. Il bambino dev'essere stato mandato da qualcuno che mi conosce. Forse è il figlio o il nipote di un amico che mi ha visto in fila e ha pensato di architettare una burla, attribuendomi un'immaginaria notorietà internazionale. È comunque una bella sensazione e sto al gioco.

«Sì, sono Froz. E tu chi sei?»

«Sono Nikolai» si presenta lui molto ben educato «mi fai un autografo?»

«Certo. A Nikolai con simpatia, Roman Froz.»

«Possiamo fare una foto?»

«Sicuro. Ciiis.»

«Quando fai il windmill, come ti dai la spinta?»

Aspetta, questo cosa c'entra? Qui entriamo nel tecnico. Lo scherzo del finto ammiratore dovrebbe fermarsi alla scena del riconoscimento, foto, autografi e poi vengono fuori gli amici, ma queste sono domande che fa solo chi conosce la breakdance. Guardo con attenzione il ragazzo e scorgo nei suoi occhi una luce che prima avevo trascurato. Non lo manda nessuno. Mi ha riconosciuto davvero, ma non ho idea di come abbia fatto. Ci arrivo per intuito.

«Anche tu balli?»

«Sì» risponde eccitato. «Ho visto quando hai vinto Bc One Italy in streaming su YouTube. Sei troppo forte.»

Dice di avermi riconosciuto per via della maglietta con Ivan Drago, poi Nikolai mi presenta suo fratello, sua mamma e il resto della sua famiglia.

Ci sediamo a bere qualcosa tutti insieme, nell'area di imbarco comune, aspettando i rispettivi voli. Mi dicono che è il compleanno del mio giovane ammiratore siberiano.

«Quanti anni fai?» gli chiedo.

«Quindici» si compiace lui.

Vorrei fargli un regalo, così frugo nello zaino alla ricerca di qualche gadget dei Bandits, ma non trovo neppure un braccialetto. Ne ho distribuiti un migliaio e ora che me ne servirebbe uno, uno soltanto, non ne ho. Le dita, però, afferrano qualcosa di interessante. Un foglio su cui ho scritto le entrate messe in atto all'ultimo evento nazionale. «Red Bull BC One Cypher Italy» è il titolo in penna. È un po' stropicciato, perché lo consultavo tra una sfida e l'altra e, per questo, più vissuto. Un cimelio per gli amanti del genere e Nikolai è proprio uno di questi, uno dei più appassionati a quanto pare.

Per me è un pezzo di storia. La mia seconda vittoria al Cypher italiano riassunta su un pezzo di carta. Sotto le entrate c'è un bozzetto con la scritta FROZ e sotto, ancora, una frase in russo: «Per la grande causa dei Bandits». Lo sto per rimettere nello zaino, poi, però, penso che questi pochi appunti potrebbero essere più importanti per il ragazzino che per me. Gliene racconto la genesi e gli metto in mano il foglio.

«Tieni» gli dico «è tuo. Potrà ispirarti, finché non ne avrai uno tuo.»

Mi fissa in silenzio, trattiene a stento le lacrime.

Non sento nessuna parola con le orecchie, ma tante col cuore. Saluto lui e la sua famiglia, avviandomi verso il mio gate, con un'emozione crescente che mi si espande nel petto. A metà del mio tragitto mi volto, trovandolo ancora fermo a guardarmi, e gli rivolgo un ultimo cenno di saluto con la mano. A Nikolai, a me ragazzino, che in lui si rivede, a Mosca, alla Russia.

A Milano mi accolgono Mad, Lucas e Mosè, con cui continuo subito ad allenarmi con intensità. I corsi di danza non sono ancora iniziati, quindi, non avendo sale a disposizione, stiamo per strada, come un tempo.

L'appuntamento è alla fermata della metro Moscova. Io ci arrivo coi pattini, godendomi la città che si sta risvegliando dal profondo sonno estivo. È l'ultima settimana di agosto e in giro c'è ancora poca gente. L'aria sembra persino salubre.

«Vacci piano, Froz» mi riprende Lucas. «Il marmo è durino, non vorrai farti male a pochi giorni da Napoli.»

«Ma figurati» lo tranquillizzo «so cosa faccio.»

Oltre che duro, il marmo è anche scivoloso. Sbaglio qualcosa. Non so bene cosa, non ho nemmeno il tempo di riflettere. Sento solo il pavimento gelido sulla guancia. E poi il buio.

15

«Compagni, oggi combattiamo non solo per l'Unione Sovietica, ma per l'umanità intera.»

Il comandante Žukov prepara le sue truppe all'ultimo scontro con l'esercito nazista, infondendo in loro l'orgoglio e la responsabilità dell'impresa a cui sono chiamati, per la patria e per una patria ancora più grande, senza confini, di spazio e di tempo.

«Ogni passo che facciamo verso Vienna» continua «è un passo verso la libertà per milioni di persone.»

Le strade, però, non sembrano quelle della capitale austriaca. Dai vicoli con i panni stesi che scendono dalle finestre si spandono voci di anacronistica normalità in un dialetto che lima gli spigoli teutonici: «*Accattattev'e mellun'! Signò l'aviv'abberè, l'avit'a pruà*».

Dei bambini giocano a pallone in un dedalo di rovine da cui escono coppie in motorino incuranti dei pericoli.

Semion Kantor striscia sui gomiti tra i bidoni della spazzatura, fermandosi dietro a uno di questi a cui si appoggia con la schiena. Si sporge di lato con la testa, per vedere il posizionamento delle truppe tedesche, sfila dalla cintura una granata, toglie la sicura coi denti e la scaglia contro di loro. Pochi secondi dopo la terra vibra, ma il fragore è quello di una cassa elettronica su cui si sovrappone la voce di un rapper. I soldati sbalzati al centro della strada con una capriola si rimettono in piedi e sfidano i nemici con passi di breakdance.

Nonno risponde con un windmill senza mani che spazza via tutti, come una palla da bowling con i birilli. Poi si alza e guarda me, che me ne stavo acquattato in un angolo: «Abbiamo liberato Vienna, ma il nostro compito non è finito. Combattiamo tutti i giorni, per tutti coloro che non possono farlo, per ogni uomo, donna e bambino che sogna la libertà». Poi si dissolve dietro la porta di un teatro.

«Nonno» lo chiamo «aspettami. Nonno!»

«Nonno?» risponde una voce lontana. «Roman, svegliati, mi senti? Roman!»

«Cos'è successo? Dove sono i soldati?»

Mi trovo sdraiato per terra, con Mosè che mi tiene la testa e Mad che mi parla con occhi sgranati: «Frate, stai bene?».

«Dove sono i soldati?» insisto. «Dov'è mio nonno?»

«Quali soldati?» mi desta Lucas dandomi degli schiaffetti sul viso.

«Hai sbattuto la testa» racconta Mad «ti portiamo all'ospedale.»

«No» lo fermo «non serve. Sto bene.»

Riacquisto rapidamente la lucidità. Quello che mi sconvolge non è il rischio che ho corso, ma quello che ho visto a occhi chiusi, che riporto ai miei amici: «C'era mio nonno, durante la guerra. Ma era a Napoli e lanciava bombe hip hop su cui ballava breakdance con gli altri soldati».

«Cazzo» commenta Mosè. «Devi averla picchiata forte la testa.»

Per oggi basta allenamenti. Torno a casa a riposare, ma continuo a pensare al significato di quanto ho vissuto inconsciamente. È la scintilla che mi mancava per accendere l'idea del mio outfit da gara.

Abito in Italia dal 1993, cioè esattamente da vent'anni, ma non sono ancora cittadino italiano. Eppure sarò io a rappresentare il Paese alle finali di Napoli. Non è facile trovare qualcosa che esprima questa situazione: un russo che vive in Italia, che pensa come un russo, balla come un russo, ma gareggia per l'Italia. Approfondisco sui libri le sue radici storiche, che, con la liberazione dal nazifascismo, è intrecciata a quella di mio nonno e di chi ha combattuto con lui. Così, chiudendo improvvisamente il libro, prendo una decisione: «Adotterò la bandiera garibaldina dei partigiani. Un tricolore con la stella rossa al centro».

I partigiani hanno combattuto per liberare l'Italia, come il nonno ha fatto per l'Unione Sovietica. Molti si sono sacrificati per la libertà, ma la distanza temporale da quei terribili eventi e il crescente benessere ne stanno allontanando la memoria. Voglio tenerla viva, lo sento come un dovere. Perciò ho deciso di omaggiare la Resistenza, perché viviamo in una società in profonda crisi di identità e senza contatto con le proprie radici. La bandiera dei partigiani è la mia quadratura del cerchio: libertà e uguaglianza sono i miei obiettivi nella vita come nel ballo. Anche il breaking, infatti, si basa sugli stessi valori, anche se oggi un po' meno. Io sogno un mondo dove le persone che lottano alla fine ce la fanno. Sogno un mondo in cui vengono premiate le idee, i sacrifici, i valori. Mi convinco che questo possa essere il motore per la mia spinta. La determinazione di continuare a sognare e vincere, perché come dice Nelson Mandela, «i vincitori sono sognatori che non si sono mai arresi».

Napule è mille culure. Ha ragione Pino Daniele. Il primo impatto con questa città è quello che si ha di fronte a un quadro astratto di suggestiva bellezza. I colori mischiati apparentemente senza logica, ma in un lucido gomitolo cromatico, ti entrano dentro senza capire come. C'è tutto e il contrario di tutto. C'è la pace del mare e la violenza del vulcano, l'eleganza principesca degli hotel a cinque stelle e la veracità popolare dei vicoli alle loro spalle. Ci sono il giapponese, il russo e l'arabo, impacchettati nelle loro lingue e abiti d'ordinanza manageriale, amalgamati nel napoletano che fa loro provare l'informale appartenenza allo stesso genere umano, nell'esperienza comune della limonata a cosce aperte. Napoli è Napoli.

Ci arrivo quattro giorni prima dell'evento, dopo essermi preparato come meglio potevo. Mosè, in accordo con la mia esperienza mistica, mi ha assicurato che le mie entrate sono «da battaglia».

Il mio primo avversario sarà il vincitore del Cypher francese. Qualcuno mi ha suggerito di guardare dei suoi video per studiarlo, ma ho preferito rifiutare il consiglio per non lasciarmi influenzare da niente e da nessuno. Sono qui per fare il mio, indipendentemente da ciò che fanno gli altri.

La Red Bull ci fa alloggiare all'Hotel Renaissance, dove incontro il presentatore e direttore artistico dell'evento. Mi sistemo in camera con il kit di benvenuto per tutti i partecipanti: vestiario griffato dagli sponsor e gadget di vario genere che infilo in valigia. Red Bull è attenta ai minimi dettagli e ha pianificato ogni momento che precede la manifestazione, tanto che si inizia a lavorare già dal primo pomeriggio, dedicato al servizio fotografico che, una volta montato, verrà diffuso in rete e sui social network.

La fotografa ci tiene ben quattro ore per i vicoli di Napoli, ma il risultato è eccellente. Quando penso a questo campionato, mi rendo conto che la sua immagine è proiettata nella mia mente proprio da quelle foto e da quei video. Chissà per quanti ragazzi è lo stesso. Contribuire alla sua immagine mi inorgoglisce e sono determinato a fare la mia parte al meglio delle mie possibilità, non solo per me, ma per aumentare, attraverso lo spettacolo, il seguito di queste manifestazioni e, soprattutto, di questa disciplina. Chissà mai che in futuro non arrivi alle olimpiadi.

Il giorno successivo si replica in piazza del Plebiscito. Qui vicino, incontro Daniele Castellani Perelli, giornalista dell'*Espresso*, che mi fa una lunghissima intervista, con domande anche molto personali e altre più generiche.

«La breakdance ha qualcosa a che fare con la società in cui viviamo o, addirittura, con la politica?»

Ci rifletto un attimo, poi spiego che qui in Italia la danza, in quanto fenomeno sociale, è in parte anche un fenomeno politico. Basta pensare a dove è nata la breakdance per comprendere quanto siano forti le sue implicazioni interpersonali e culturali. Ovvio che noi, oggi, non balliamo per lottare contro la segregazione razziale o per uscire dal ghetto della povertà del South Bronx, non salviamo l'umanità come tutti quelli che, come mio nonno, hanno rischiato la vita per gli altri, ma, essendo persone prima che ballerini, abbiamo la responsabilità dei messaggi che trasmettiamo. Aristotele diceva che l'uomo è un animale politico, perché è fatto per stare insieme agli altri. Ecco, la danza è la nostra politica. Il collante di una comunità, grande o piccola che sia, le cui leggi non sono trascritte ma hanno un suono, non sono visibili ma hanno una forma, quella che sta per essere messa in scena sul palco del Teatro Bellini.

Il 14 settembre 2013 è il giorno delle finali. A pranzo ci portano a mangiare una pizza buonissima con l'imbuto, nel senso che non possiamo gustarcela col tempo che meriterebbe. Qui va tutto di fretta, l'organizzazione è oliata per non sprecare neppure un minuto e persino il tempo della masticazione viene ottimizzato con un briefing a tavola. Con la bufala filante ancora tra i denti, torno in camera per prendere tutto l'occorrente per la competizione. Prima di scendere mi sporgo dalla finestra, per un'ultima boccata d'aria e vedo un gabbiano sullo scoglio. Niente che non sia stato descritto migliaia di volte, con tutti i discorsi di rito sulla libertà. Niente di straordinario, eppure mi ci soffermo. Appoggio la borsa per terra e mi concedo un paio di minuti di riflessiva contemplazione. I gabbiani sono considerati tra gli uccelli più intelligenti. Sono capaci di imparare e adattarsi a nuove situazioni, elaborano strategie complesse per cacciare il cibo. Ricordo che da piccolo, a scuola, ci raccontarono la storia di Luis Sepúlveda, sulla gabbianella Kengah, ferita da un petardo, e il gatto Zorba, randagio e un po' filosofo, che se ne prese cura, insegnandole a volare. Un gatto che insegna a volare a un gabbiano. Può un russo insegnare i valori italiani agli italiani?

Cavolo, altro che due minuti. È passato un quarto d'ora, sono in ritardo. Mi succede spesso. Quando devo fare qualcosa che mi stressa mi attardo a fare tutt'altro, per staccare del tutto la mente dal centro delle preoccupazioni, per girare alla periferia del problema dimenticandomene. Così, quando ci torno sopra, lo vedo da un'altra prospettiva, in maniera più chiara.

Mi attacco a qualunque cosa, come se ci potessi appiccicare sopra le mie ansie e staccarmele di dosso. Io non credo a quelli che si mostrano spavaldi sul ring. Penso piuttosto il contrario e cioè che l'arroganza è la prima figlia della paura. In questi momenti devo evadere dal breaking sedendomi su una panchina con un libro di storia. Oggi, la storia, me l'ha spiegata un gabbiano napoletano.

All'ingresso del teatro c'è un sacco di gente che aspetta l'orario per l'accesso del pubblico.

«Caspita, quanti» mi lascio scappare guardando la fila.

«Già» conferma una donna in tailleur che, evidentemente, lavora al Bellini «i biglietti si sono volatilizzati in meno di un'ora. È sold out già da un mese.»

«Ciao, Froz.»

«Bella, zio.»

«Ci si rivede, eh, fra'?»

Incontro tanti ballerini di Napoli che non vedevo da quando mi sono trasferito a Milano. Finché vivevo a Conversano, infatti, venivo qui spesso a fare le gare e mi sono creato un folto gruppo di amici dal calore tipicamente partenopeo, che non si raffredda neppure con il tempo.

Nel tragitto dall'ingresso al palco, veniamo accerchiati dai giornalisti. Siamo le star del momento e ci fanno sentire come gli attori sul red carpet. Dietro le quinte, poi, mi sento stranamente tranquillo. Il gabbiano napoletano deve aver fatto la magia. A proposito, i gabbiani hanno una caratteristica: comunicano tra loro utilizzando una serie di richiami vocali. Un repertorio di suoni con cui esprimono stati d'animo e intenzioni, come allarme, corteggiamento e difesa del territorio. Se ci passiamo accanto, noi sentiamo qualche lungo «*yah*» o un sibilante «*kii ow*» e, magari, pensiamo «che carini», mentre in realtà si stanno dicendo «occhio che sta passando un imbecille. Pronti a cagargli sulla spalla?». Insomma, comunicano chiaramente tra loro senza far capire nulla agli altri e la stessa cosa accade nel backstage del BC One Western Europe. Tra i concorrenti c'è un linguaggio non verbale per studiare o intimidirsi reciprocamente. Si provano passi, anche quelli che non si faranno mai, per annunciare una qualità inferiore e puntare poi sull'elemento sorpresa. Io adotto la tattica opposta: mi mostro sciolto, tranquillo e capace di mostruosità aerobiche per impressionare chi mi sta spiando con la coda dell'occhio. Facile a dirsi, meno a farsi. Non è che certe evoluzioni mi riescono sempre e in modo fluido. L'ultima volta mi è costata una mezza commozione cerebrale e il pavimento di Moscova non è rimasto per nulla intimorito dall'esecuzione. Anzi, direi che ha vinto lui.

Provo uno di quei passi in cui si gira in verticale su una mano. Con mia sorpresa mi escono quattro giri filati. Mi alzo come se avessi fatto la cosa più naturale del mondo. Nel linguaggio non verbale intendo dire: «Che noia, sempre le stesse cose. Non c'è qualcosa di più difficile?».

Un amico, che non gareggia, mi guarda e sorride. Lui ha capito tutto. Così mi sta dicendo col suo sorriso.

La tensione inizia a salire e il suo grado di intensità si percepisce perché è inversamente proporzionale alle chiacchiere. Meno si parla, più si è tesi. Diventa addirittura palpabile nel momento in cui cala il silenzio.

Mancano ancora due ore, però. È troppo presto per riscaldarsi, così mi sforzo di restare calmo, imponendomi di mangiare qualcosa, perché è vero che l'adrenalina non fa sentire la fame, quanto la stanchezza non fa sentire le gambe. Serve quindi del carburante, della frutta, con cui accompagno il countdown. Un chicco d'uva, un minuto. Un minuto, un chicco d'uva. Faccio il giro dei quindici campioni nazionali con lo sguardo, chiedendomi chi sia il più forte. Difficile capirlo, anche perché a questo livello non conta solo l'abilità, ma anche la resistenza psicologica. Siamo tutti nella stessa condizione, quella che Marx ed Engels scrissero nel loro libro: «Non abbiamo nulla da perdere, ma un mondo da conquistare».

Questa massima, indipendentemente dall'orientamento politico, riflette la mentalità di tutti noi e ballare con la sensazione di non avere nulla da perdere mi fa sentire come quel gabbiano, ancora: libero. Completamente libero. Osservo il campione in carica. Lui sa di essere il migliore o, almeno, è convinto di esserlo e non credo che questo lo aiuti. A me, invece, non aiutano i messaggi su WhatsApp che fanno suonare il telefono come il segnale di un passaggio a livello: din din din din, senza sosta.

«Spaccali tutti», «mandali a casa», «sei tu il più forte, faglielo vedere». Tutti così, dello stesso tenore.

Sì, bravi, mi viene da pensare. Venite qua voi, se vi sembra così facile. L'incoraggiamento è apprezzato, ma il tono di molti deprezza l'impresa, svilendola con i commenti di una sfida al parchetto.

Qui, invece, c'è solo una cosa del parchetto, anche se è nascosta sotto le luci, la folla, gli obiettivi delle macchine fotografiche. È la passione. Quella pura, senza contaminazioni professionali. Quella che ti fa iniziare a ballare, a rompere i tavoli della casa, a tornare a casa di notte sotto la neve, quando sei solo un ragazzino e pensi soltanto a una cosa: ballare.

16

Tutti parlano di me. Sono additato dai ragazzi, che si scambiano commenti guardandomi da lontano.

«È quello che balla la breakdance.»

«Il russo?»

«Sì, ma ora lo chiamano anche il francese.»

C'est moi. Hanno ragione, qualcuno mi chiama «il francese», sottolineando sarcasticamente il mio scarso impegno con la lingua transalpina, perché proprio l'insegnante di questa materia mi ha voluto punire.

Ho preso una nota sul registro e l'intimazione a non ripetere mai più nulla del genere o sarei stato sospeso. La mia prima Jam Session autogestita, organizzata tra i banchi di scuola, non è stata molto apprezzata dal corpo docenti, ma mi interessa poco, perché sto vivendo in un mondo magico, sto benissimo.

Avevo capito che per emergere mi serviva un teatro, l'occasione di dimostrare a tutti quello che sapevo fare e una mattina, quando si aprirono i cancelli della scuola, sono entrato per primo, precedendo le centinaia di studenti dell'ITC Romanazzi di Bari. Mentre salivo le scale, i compagni hanno bloccato gli altri, formando un enorme semicerchio di persone che si sono fermate a guardarmi. C'erano ragazzi di tutte le età, dai quattordici ai vent'anni, da quelli di prima ai ripetenti di quinta, ma non solo. Mi ero preparato per eseguire un passo nuovo, che avevo imparato continuando ad allenarmi. Era l'evoluzione del windmill, molto più spettacolare: il «baby windmill». Lo stesso movimento, ma con le gambe chiuse e incrociate. Ricorda una palla che gira, tanto che nello slang del breaking si chiama proprio «pallina».

Mi sono buttato per terra sotto l'occhio di bue dell'intero corpo studentesco fisso su di me. La felpa, sul pavimento marmoreo, scivola che è una meraviglia e ho fatto più giri di quanti ne avessi previsti, con il mormorio di stupore a farmi da colonna sonora.

«Uuuuuhhh.»

Ora anche i ragazzi più grandi, quando mi incontrano in bagno, mi danno il cinque in segno di rispetto. Certo, le bidelle sono tutt'altro che entusiaste dei miei allenamenti nel corridoio e lo sono ancora meno i miei genitori, quando vengono a sapere dei provvedimenti disciplinari che vengono presi per sanzionare la mia condotta.

«Sospeso?» chiede mio padre al telefono, con voce ancora calma, mentre ipotizza le cause. «Hai picchiato qualcuno? Ti sei dovuto difendere? O hai difeso qualcun altro?»

Queste sarebbero motivazioni lecite, per cui l'azione vale la pena, ma il volume della sua voce si alza passando da due a nove in una scala decimale quando gli spiego esattamente cos'è accaduto.

«Ma ti sei rincoglionito?» spara nella cornetta. Poi sento che si rivolge a mia madre, riportando l'accaduto: «Ha attraversato i corridoi della scuola, durante le lezioni, con uno stereo in spalla a tutto volume».

Tutto vero, purtroppo. Eppure non riesco a essere pentito. Quella canzone, *Gangsta's Paradise* si può ascoltare solo al massimo consentito dalle casse.

A sedici anni inizio a fare delle compilation su cd, chiamandole «Hip Hop 360». Ci metto anche un po' di video di breakdance, foto di graffiti, oltre a canzoni rap e qualche traccia con scratches per i deejay. Insomma, tutte le discipline di questa fantastica cultura. Constatando immediatamente una grande richiesta, intravedo la possibilità di aprire il mio primo business, vendo i cd ad amici, conoscenti e, soprattutto, tanti sconosciuti che ne vengono al corrente perché la voce si sta spargendo rapidamente.

Devo però presentare il prodotto, quindi compro delle bustine di plastica trasparente in cui inserisco una copertina a colori stampata a casa, in serie. L'«Hip Hop 360» costa pochi spiccioli, ma ne vendo tantissime copie, perché non tutti hanno internet e pochi sanno come e dove scaricare il materiale. Io, invece, sono diventato un segugio. Dedico buona parte della mia giornata, oltre che alla pratica, alla formazione, all'aggiornamento, alla scoperta di un mondo che mi sembra di guardare solo dallo spioncino della porta principale, chiedendomi se un giorno sarò mai dall'altra parte, dalla parte dei grandi.

I grandi di età, invece, sono spesso un ostacolo. Il primo di questi è il bidello della scuola, che mi fa sempre la solita battuta: «Allora, Mocio, quando vieni a casa a lucidarmi il pavimento?».

Il ballerino di breakdance, per lui e non solo, è considerato alla stregua di un mocio Vileda, che pulisce per terra roteandoci sopra con la schiena, come se il sudore e le lacrime che ci vogliono fossero acqua e sapone.

Altri preferiscono al sarcasmo la disincentivazione morale: «Andava di moda negli anni Ottanta, ma dove vuoi andare con la breakdance?».

«Non so» rifletto «magari ai campionati del mondo?»

Altri delle classi superiori alla mia, forse invidiosi della mia popolarità nell'istituto, giocano la carta del bullismo, offendendomi mentre passo loro vicino.

«Russo di merda» mi fa uno.

«Russo di merda a me?» chiedo sfidandolo.

«Ne vedi altri?» conferma spavaldo. «Sì, dico proprio a te.»

«Perché non vieni a sentirlo da vicino, l'odore della merda?»

Gli vado contro spingendogli la faccia con il palmo della mia mano, ottenendo la classica reazione.

«Ti aspetto fuori, russo di merda.»

Lo ripete, l'incosciente. Non sa che il ballerino è cintura nera di karate.

Il cuore mi batte all'impazzata, perché ho comunque paura, anche se sono determinato a superarla. Non ho agito di istinto, come sembrava ai compagni, ma con lucida volontà. Io sono tutt'altro che un attaccabrighe, uno che raccoglie le provocazioni. Ho scelto esattamente la modalità della reazione, pesando con cura gesti e parole, è una questione di lingua. Per farmi capire dagli italiani, ho imparato l'italiano. Per farmi capire dagli arroganti, ho imparato l'arroganza. Per essere chiaro con quelli che fanno i duri, devo esserlo di più.

«Sono io che aspetto fuori te» rilancio.

I compagni si danno di gomito pregustando l'evento e, con un telefono senza fili, la notizia dello scontro fa il giro delle classi. Al suono della campanella, si lanciano tutti fuori per non perdersi un'offesa o un solo schiaffo. Io arrivo per primo e mi atteggio da guappo ostentando una sicurezza che non ho. Non posso più tirarmi indietro. L'epilogo di questo litigio determinerà il modo in cui mi guarderanno d'ora in poi e non ci sarà un secondo tentativo, un'eventuale rivincita. Ho una sola occasione.

17

Una sola occasione. Dentro o fuori. Per passare il turno non devo commettere errori. La prima sfida è la più complicata perché, anche se teoricamente gli avversari più forti sono quelli che proseguono fino alla finale e quindi hanno un ordine crescente di difficoltà, all'inizio il problema maggiore è interno. Non sei tu contro l'altro, come in un incontro di karate o uno scontro fuori da scuola col ragazzo che cerco idealmente tra il pubblico, perché col tempo è diventato anche lui un appassionato di breakdance. Non mi ha mai più dato del «russo di merda» e non c'è stato bisogno di alzare le mani, perché lui, all'appuntamento per regolare i conti, non si è presentato. Mi andò meglio di quanto potessi sperare.

Non sei tu contro l'altro, dunque, ma tu contro te stesso, perché ti devi muovere in perfetto equilibrio tra lo spettacolo e la tecnica, devi conquistare i giudici ma stare attento a non sbagliare, devi osare senza rischiare, un ossimoro, come volare stando a terra. C'è più da perdere che da guadagnare, perché il rischio di essere eliminato subito è maggiore della possibilità di andare avanti, il dovere pesa più del piacere e anche più del diritto. I quarti di finale sono l'obiettivo minimo, quindi uscire prima sarebbe un fallimento, senza mezzi termini. Devo muovermi come un funambolo senza rete tra due palazzi. Lo scopo è arrivare dall'altra parte senza cadere perché, se metti male un piede, se perdi l'equilibrio, cadere significa morire.

Chakal, il francese che ho di fronte, sembra meno concentrato. Forse perché, venendo da un altro Paese, sente meno la responsabilità, per lui è un'occasione come un'altra e si esibisce come in una passerella elegante, tanto che ha la giacca dello smoking disegnata sulla maglietta.

Inizio io. Non ho intenzione di risparmiare le entrate più potenti conservandole per dopo. Ho programmato i miei ingressi da mesi, curando meticolosamente quelli delle prime due sfide. Ho lavorato con ossessione sulle prime quattro entrate, due per ogni battle, per ridurre al minimo il margine di errore. Insomma, mi gioco tutto subito. La breakdance non è una maratona, in cui devi dosare la velocità, evitando di partire troppo forte per non trovarti senza benzina verso la fine. È più come un incontro di boxe. Colpisci duro subito, perché se lo fa l'altro per primo vai KO e non ti alzi più.

Ensi, il celebre rapper italiano che fa da presentatore, ci annuncia al microfono. Sono emozionato, teso, ma, comunque, non nervoso. Il nervosismo, infatti, è l'incapacità di gestire le emozioni. Io, avendole già messe in conto, le padroneggio con sufficiente familiarità, quindi salgo sul passo sicuro e, appena il deejay «droppa» il beat, parto. La prima entrata è ottima. Sento il controllo di ogni movimento. Riesco a mettere a segno tutto quello che avevo in mente e termino l'esibizione in perfetta sincronia con la musica. È in questi dettagli che la breakdance si configura come una danza più che uno sport.

Guardo Chakal negli occhi. L'Italia c'è, Tartufon, tocca a te. C'è anche la Francia, però, perché lui attacca con dei passi iniziali da paura. Si avvita sul piede sinistro, in modo estremamente spettacolare e originale, portando a termine il suo ingresso senza la minima sbavatura. Gli rispondo indicandogli con l'indice il suo posto, dall'altra parte del palco. «Stai al tuo posto» gli dico a gesti «il palco è mio.» È una delle mie strategie per guadagnare spazio sul palco. Metto in scena il mio pezzo forte: i saltelli sulla punta del gomito. Il pubblico li accompagna con la voce: «Ohhhhh». Sbaglio. Come nella finale del Cypher 2013 l'esecuzione non è impeccabile. Faccio il fruttivendolo. Quello abile a nascondere una fragola ammaccata tra le altre grandi, rosse e attraenti, in modo che l'attenzione converga su quelle belle evitando di finire sull'unica difettata. Quindi maschero l'errore dietro un paio di figure succose. Lui replica dignitosamente, ma senza strafare.

Questa è la classica sfida in cui i giudici scelgono solo in base al gusto personale, perché, dopo due sole entrate, nessuno è riuscito a prevalere nettamente sull'altro. Sapevo che sarebbe stata dura e così è. Penso di aver fatto bene, nonostante l'errore, ma non posso esserne sicuro e, infatti, uno dei giudici vota Chakal. Uno solo, però. Gli altri due dicono Froz e vinco io per due a uno. Tiro un sospiro di sollievo. Ho raggiunto l'obiettivo minimo. Rispettato il dovere, ora posso pensare anche al piacere. Archiviato l'onere, punto all'onore.

Chey è proprio un bravo ragazzo. Ho avuto modo di parlare con lui per molto tempo e l'ho conosciuto bene anche fuori dall'ambito della danza. La sua dote migliore è l'umiltà, che toglie l'impermeabilità della supponenza, permettendo di assorbire il meglio dagli altri, perfezionandosi a ogni confronto. È anche affabile, condivide con gli altri i suoi pensieri, ma le doti tecniche non sono inferiori a quelle umane. Ha vinto per tre volte consecutive il Red Bull BC One spagnolo, cosa che non passa del tutto inosservata considerando il livello eccelso dei colleghi iberici. Vincere per tre volte di fila è roba da Guinness World Records.

Il suo modo di ballare è originale e ha delle movenze che incantano. È unico, bellissimo. Fa parte di un gruppo spagnolo fondato da suo padre, che, tempo prima, è stato anche lui un b-boy e vede nel figlio la prosecuzione della sua storia, una storia incredibile. Ora, però, siamo in sfida. È il tempo della battaglia, non delle favole. Oggi la storia non si racconta, si fa.

Suo padre era un breaker, d'accordo, ma il mio era un tennista e mi ha insegnato a rispondere a ogni colpo con un altro più forte. Il gioco, il set, l'incontro, lo vince chi tira fuori dalla racchetta il colpo migliore, chi non manda la pallina fuori o contro la rete. Ho anch'io il mio maestro, anche se non sa girare verticalmente su una mano, come faccio io nel primo round.

Sparo un ingresso pulito, corretto, tutto secondo gli

schemi provati e riprovati, pensati e ripassati nel backstage prima di andare in scena. Solo alla fine improvviso un passo, perché andando avanti ci si deve affidare maggiormente all'istinto. La breakdance, in fondo, è come una cipolla. Ogni turno è uno strato, ogni round una patina coprente. Più si va avanti, più ci si spoglia e, se arrivi alla fine, resta solo il cuore. Una superficie dopo l'altra, l'apparire, che può incantare nei primi livelli, evapora lasciando scoperto l'essere ed è chi sei a determinare dove puoi arrivare.

Che non è solo apparenza. C'è tanta sostanza nel suo modo di ballare e lo fa molto bene, con estrema eleganza. Lo spagnolo, sul palco, sfila. Io, però, combatto. Lui canta e io ruggisco, così non mi faccio attendere e tiro fuori i denti, il mio passo caratteristico ispirato a una mossa di Kung Fu. Il pubblico sembra apprezzare la mia energia e ricambia con un prezioso sostegno che mi infonde sicurezza.

Lo spagnolo ha usato i suoi passi migliori per passare il primo turno contro un mostro sacro della breakdance e, incredibilmente, c'è riuscito. Ha saccheggiato il suo repertorio e contro di me non ha potuto essere così incisivo. Un pensiero spavaldo si fa largo nella mente. Mi sembra di aver dominato l'incontro, anche se dalle immagini la supremazia che mi attribuisco non è così evidente.

«Guardate là cos'hanno combinato» dice Ensi al microfono. «Ci guardiamo qualche replay. Che bomba. Red Bull BC One. *Judges, are you ready?*»

Chiama il voto dei giudici: «Three, two, one».

FROZ. FROZ. FROZ.

L'acqua è gelida. Il contatto con la sua fresca purezza mi riporta al fiume di Mosca che scorre nel parco dove mi sono allenato un mese fa, mentre nonna mi raccontava le storie.

«Se la montagna è troppo alta» mi diceva «non salire per arrivare in cima. Scendi dall'alto.»

Per planare su un sogno, bisogna avere il coraggio di volare con le ambizioni. Anche se c'è una forza che ti attira verso il basso, che giustamente Newton ha chiamato «gravità», perché non c'è niente di più grave che restare a terra ed esistere senza vivere. Ripenso al mio gabbiano napoletano, che sta sullo scoglio solo per riposarsi, per mangiare, nidificare e stare al riparo dai predatori, ma la sua strada è il cielo.

Io mangio e mi riposo quaggiù, sto al riparo dai predatori del domani, i predicatori del posto fisso pronti a barattare i desideri per la sicurezza di una busta paga con cui poter comprare a rate il telefonino. Poi, però, quando salgo sul palco, scalo le nuvole.

«Come stai, Froz?»

Un amico mi si avvicina, sincerandosi delle mie condizioni. Sa che sto dando tutto senza risparmiarmi e che il serbatoio non è infinito.

«Non sono ancora in riserva» lo tranquillizzo.

Intanto finisco la mia bottiglietta di acqua fredda, togliendo la maglietta inzuppata di sudore. Al chiuso, sotto le luci, ballando, si muore di caldo. Mi rigenero un po' rilassandomi con Denis, l'organizzatore che ha iniziato a ballare molto prima di me.

«Mi raccomando» mi incoraggia «adesso vai fino in fondo.»

So che anche lui, a suo tempo, è stato un grande e gli rivolgo una confidenza che non ho avuto il coraggio di fare al mio amico: «Non so se riesco a reggere, sono a corto di fiato. Mi sento stanco. Sai qual è il problema adesso?».

Lui mi interrompe subito. Non vuole neanche sapere ciò che segue, perché è più importante quanto ha da dire lui: «Non c'è nessun problema».

È stato come aprire il chakra. Una frase che capovolge il concetto, una spada che taglia di netto l'opinione e, per quanto possa sembrare banale la sua affermazione, è l'unica cosa che volevo sentirmi dire.

Mi libero della zavorra della vigilia, quella della responsabilità che precede il primo incontro. Non devo più giustificare niente. Se mi trovo qui, ora, è perché ho le qualità per esserci. Ho superato tanti problemi e ora che sono in ballo, voglio ballare. Letteralmente. Voglio sapere come finisce questa storia e salterei direttamente all'ultimo capitolo, ma non posso farlo senza passare dalla semifinale. E la semifinale la devo scrivere io. Non sono un romanziere, quindi prendo spunto da ciò che mi ha ispirato, come la scena finale del film *The Truman Show* con Jim Carrey. Anch'io sono venuto qui per arrivare dove finisce il cielo, costi quel che costi. Voglio sapere la verità, voglio sapere quanto valgo davvero, come ballerino e come uomo. A un certo punto del nostro viaggio, arriva un'età in cui finisci di raccontarti le balle e senti il bisogno di andare a vedere cosa c'è dietro quel fondale dipinto che chiamano vita. Io ho quasi trent'anni ed è finito il tempo delle scuse, dei giudici che non capiscono il mio modo di ballare, degli avversari che hanno più fortuna di me, della musica inadatta al mio stile. Su questo palco, come nel mondo, siamo soli, siamo gli unici artefici del nostro destino ed è il momento di andare a prendere il mio, che sta dietro Skychief. Inizia la semifinale e… «casomai non vi rivedessi: buon pomeriggio, buona sera e buona notte».

«La tensione si affetta» incalza Ensi incitando il pubblico. «Le mani al cielo, Napoli!»

L'anguilla, a confronto, è una tartaruga. Skychief, l'olandese che affronto, è rapidissimo, sgusciante, snodabile, fa un'infinità di passi davvero complessi. Io, come al solito, inizio per primo. Non ho la minima idea di cosa ha intenzione di fare lui e non lo voglio sapere. Voglio scoprire me stesso, non lui. Voglio sorprendere me stesso e sì, in questo caso anche lui, anche il pubblico, anche i giudici. Lo faccio con un'entrata costituita interamente da rotazioni spettacolari che ho preparato a Mosca, con i miei colleghi connazionali. Non commetto nemmeno un errore, anche se, con un'eccessiva tendenza al perfezionismo, penso che avrei potuto essere più incisivo, ma sono solo mie fisime. Le metto subito da parte e, mentre balla lui, io ripasso la mia seconda entrata.

A partire da questo turno, le performance non sono più due, ma tre, quindi devo allargare il repertorio. Il mio piano è alternare un'esibizione fisicamente più impegnativa a una più leggera, cosicché la prima e l'ultima saranno le più esplosive, come lo yin e lo yang.

L'olandese ne fa una addirittura più semplice della mia. Adotta la strategia che io chiamo «Tormentone», come quelle canzoni estive che ti risuonano continuamente nella testa e non puoi fare a meno di canticchiare. Le riconosci dalle prime note, quindi dall'entrata, e ripeti a memoria il ritornello, cioè la fine, la parte più importante. Ma cosa c'è in mezzo? Boh. Le parole potrebbero essere sostituite da un generico «bla, bla, bla», perché tanto non se le ricorda nessuno ed è quello che può succedere con le entrate di mezzo.

Come un mago che all'inizio mostra il cilindro vuoto, da cui alla fine spunta un coniglio dall'effetto wow, senza svelare cosa c'è nel mezzo, così alcuni di noi attirano l'attenzione all'inizio per stupire nel finale, usando il secondo round solo come transizione; quella di Skychief è così anonima che prepara il terreno migliore per far esplodere le bombe che ho tenuto in fondo e che, nel vuoto della sua ultima performance, emetteranno un boato fragoroso. È il momento di attaccare, ora o mai più.

Parto con un'evoluzione molto complessa, anche se più musicale che tecnica. Gli sparo contro tutte le mosse che i miei muscoli hanno nel caricatore e, quando tocca a lui, scopro che i suoi sono scarichi.

È *overrun*. Ha dato tutto quello che poteva per arrivare fin qui e ora è rimasto con la fionda in mano, con la quale cerca di impressionare risultando del tutto inefficace. Chiude l'esibizione tenendosi il pacco davanti a me.

Con l'energia ha perso anche la lucidità. Quella è evidentemente la mossa della disperazione e lo vedono tutti.

«È fatta» penso. Mi permetto persino il lusso di rispondere alla sua provocazione facendogli il simbolo dello zero con la mano. Lo guardo attraverso il cerchio disegnato col pollice e l'indice, anche se detesto questo modo di fare. Non è da me, ma è una rivincita su tutti quelli che l'olandese rappresenta, che davano per scontata la vittoria contro di me, dimenticando il principio di Mike Tyson: «Chi ha più fame vince». E io, a stomaco vuoto, sto per sedermi a tavola.

18

«Fatevi sentire, perché uno di loro due andrà a sfidare Focus in questa finalissima.»

Ensi tiene vivo il pubblico, lavora di mestiere per creare artificialmente l'attesa che, in realtà, è stata ampiamente svelata dal round finale della nostra semifinale. Si sforza di mantenere alta la tensione, ma è come aspettare il triplice fischio di una partita di calcio con una squadra in vantaggio per 3 a 0. Non può succedere nulla che ribalti il risultato, che viene certificato dai giudici così com'era nelle previsioni. Al rapper presentatore non resta che enfatizzare il loro unanime giudizio: «Frooooz!».

Sono in finale. Nella finale del campionato europeo di breakdance, il BC One Western Europe, trasmesso in streaming su YouTube. So che i miei genitori, mio fratello e i miei amici mi hanno guardato, a Milano. Mia sorella mi ha seguito da Varese e a Mosca mio nonno è stato davanti al suo pc di casa.

Ho già incontrato il mio ultimo avversario in altre competizioni, e ho perso. Focus è uno dei ballerini più stimati non solo d'Europa, ma del mondo, e non avrei mai pensato di ritrovarmelo di fronte nell'ultimo atto del Red Bull BC One. Mi guardo attorno scoprendomi improvvisamente spaesato. So benissimo quello che succede sul palco, ma esplorando quanto c'è dietro non mi rendo bene conto di quanto sta accadendo.

La mezz'ora che mi separava dalla finale si è dissolta nel tempo di un pensiero e il presentatore mi ributta bruscamente sotto i riflettori.

«E chiamerei su questo palco, direttamente dall'Italia, mister Froooooz!»

Tiene lunga la O, per farmi accompagnare dagli spettatori di casa, la mia stessa casa, l'Italia. Poi introduce nella stessa maniera l'altro finalista.

«Se la dovrà vedere contro... Focuuuuuus!»

È finlandese e, a Napoli, non può certo sperare nello stesso calore.

«Flow Mo contro Bandits» aggiunge Ensi per estendere la competizione ai nostri gruppi di appartenenza.

«Anche questa verrà decisa nelle tre riprese» spiega. E mentre carica il pubblico, io vado al centro del palco per stringere la mano al mio avversario. Quando lui l'afferra, mi avvicino al suo orecchio, che lui sporge verso la mia bocca per sentire cosa mai avrò da dirgli: «*I must break you*».

Non ci avevo pensato prima e non so esattamente perché l'ho fatto. Perché gli ho detto «Io ti spezzo in due?». Perché, pur essendo russo, pur avendo una vaga somiglianza con Ivan Drago, ho voluto interpretare il ruolo di quello che alla fine perde? Non lo so, certi gesti sono istintivi, sfuggono alla logica e al pensiero razionale. Forse, penso, per cambiare la sceneggiatura di quel film, per ribaltarne il finale, per rimettere in piedi, nel verso giusto, quel mondo capovolto e distorto in cui Drago è destinato ad arrivare secondo. È il mio modo di riscrivere la storia, per provare ad arrivare primo.

L'adrenalina mi scende sulla testa come la manna su Mosè, il cui omonimo è a casa, con il gruppo riunito davanti allo schermo, più eccitati del sottoscritto. So che assieme a me stanno ballando idealmente tutti quelli che mi sono stati accanto nelle notti invernali in corso Vittorio Emanuele, quando il duro lavoro era l'unica fonte di riscaldamento, e nelle brucianti estati di via Moscova, quando il pavimento freddo offriva un po' di ristoro refrigerante alle schiene sudate.

È quasi palpabile l'energia che sento alle mie spalle e, come se fossi spinto da una forza esterna, vado per primo al centro della scena.

Il presentatore richiama l'attenzione del deejay e dei giudici.

«Dj Renegade, are you ready? Judges, are you ready? Napoli, are you ready?»

Al boato assertivo dà il via: «*Let's goooo*».

Il bidello del Romanazzi direbbe che ho tolto tutta la polvere del Bellini vedendomi girare con la schiena per terra. Tre complessi passi tecnici a cui lui risponde colpo su colpo. È uno scontro tra titani, che passa per evoluzioni, prove di talento, resistenza, tenuta scenica, performance artistica, tutto scandito dalla voce fuori campo: «Round two… Final Round… E questa è stata la finale del Red Bull BC One Western European».

È finita. Quel che è fatto è fatto. Tre minuti in cui si sono consumati dodici anni di allenamenti, l'ultimo dei quali, come direbbe il Leopardi, «matto e disperatissimo».

«Quanti di voi» conclude Ensi rivolgendosi agli spettatori «sono curiosi di sapere chi di loro andrà a rappresentare sé stesso, il proprio Paese e tutta l'Europa in Corea?»

È lì, infatti, che si terranno le finali mondiali, a cui avranno accesso i vincitori delle competizioni continentali.

«Three…»

È il momento della verità. Tra tre secondi saprò se avevano ragione quelli che mi chiedevano dove credessi di arrivare con la breakdance, con un ballo che andava di moda un ventennio prima.

«Two…»

Due secondi e misurerò il valore del mio lavoro, dell'attesa, della pazienza, dei sacrifici.

«One…»

Chi sono io? Dove mi hanno portato i miei sogni? Con la schiena al tappeto, come Ivan Drago nel film, o con la corona dei pesi massimi tra le braccia, nell'epilogo che vorrei riscrivere? Le risposte a queste domande arrivano tra un solo secondo, assieme al nome del campione europeo di breakdance.

«FROOOOOZ.»

19

«Ma cosa è successo stanotte?»

Quando mi risveglio nel letto della mia camera, all'Hotel Renaissance di Napoli, sono disorientato. Ero così teso la mattina precedente che, come nel film *Ricomincio da capo*, con Bill Murray, mi sembra di rivivere la stessa giornata, come se dovesse ancora cominciare un altro 14 settembre 2013.

«È il giorno della finale.»

Mi fa male la testa. Puzzo di sudore e... spumante? Sì, spumante, mi è rimasto addosso nonostante un goffo tentativo di lavarlo via nella vasca da bagno. La finale c'è già stata e l'ho vinta io. Mi strofino una mano sugli occhi, per uscire dal sogno, ma è impossibile, perché lo sto vivendo e ne metto lentamente a fuoco le immagini. Con la bandiera dei partigiani «tatuata» sul petto, mi sono presentato al mondo come il campione europeo di breakdance. Mi hanno sparato addosso una bottiglia di Brut, sono stato coperto da complimenti, abbracci, rispetto e affetto, in ogni forma. Dopo la premiazione sono andato all'afterparty, in un locale che ho raggiunto con Mowgly. Mowgly? Lui l'ho sognato, mi convinco. Che ci faceva là? A livello inconscio ho fatto sicuramente il parallelo tra il passato e il presente, addentrandomi nella profondità del mondo che sta in mezzo tra chi spera e chi arriva, chi sogna e chi vive. Un intero universo di appassionati, di qualunque disciplina, che ambiscono a un traguardo prestigioso ma non ci arrivano. Mowgly è uno che deve arrivare, se capisco qualcosa di questa disciplina, una giovane promessa calabrese con un roseo futuro davanti. L'ho sognato, mi convinco ragionandoci sopra.

Invece no, realizzo. Neppure lui è il prodotto di una fantasia onirica. L'ho incontrato fuori dal teatro e assieme siamo andati alla festa da cui sono uscito barcollando alle cinque del mattino. Camminando verso l'hotel, sono quasi stato investito da un taxi che mi ha suonato contro il clacson. «Che figura» ho pensato erroneamente. I passeggeri, infatti, non volevano riprendermi. C'era dentro lo staff di Red Bull, che mi ha fatto entrare, accompagnandomi al Renaissance.

Balzo in piedi, perché il polpaccio mi si contrae da solo, irrigidito dallo sforzo del giorno prima. Tolgo la modalità «silenzioso» al telefono, che spara una mitragliata di segnali acustici per i messaggi che ricevo.

Su Facebook ho mille notifiche. Mi chiamano i miei genitori e, appena chiudo la telefonata con loro, ne faccio partire una col prefisso di Mosca.

«Nonno, sono campione d'Europa!»

«Lo sei sempre stato» mi sorprende lui «tutti abbiamo il nostro destino già scritto. Dobbiamo solo leggerlo ad alta voce. E viverne la trama.»

Ecco da chi ha imparato l'arte poetica la nonna.

Ci piango sopra. Oh, che liberazione. Dopo tanta tensione, così fitta da bloccare qualunque valvola di sfogo, finalmente la voce del nonno ha tolto l'otturazione che mi occludeva l'anima dopo il countdown del presentatore. Mi sfogo sulla tangenziale Nord, tornando in macchina dall'aeroporto di Malpensa.

Un paio di giorni dopo, Mosè viene a prendermi a casa e mi benda gli occhi per condurmi in un posto che deve rivelarsi una sorpresa e, in effetti, lo è.

Quando mi toglie la benda, mi ritrovo in una scuola di danza davanti a centocinquanta persone. Twice, il mio antico maestro zen che mi ha tenuto a battesimo quando sono arrivato a Milano, è il deejay della festa e suona con l'eleganza di sempre. Ci sono tutti gli allievi, alcuni amici venuti da Bari e, naturalmente, ci sono loro, i Bandits.

«O partigiano» mi cantano «portami in Corea, o Bandits ciao Bandits ciao Bandits ciao ciao ciao.»

Canto con loro e li porto con me. Andiamo in Corea.

«Il partigiano della breakdance.» È il titolo dell'articolo dell'*Espresso* che Daniele Castellani Perelli ha scritto dopo avermi intervistato a Napoli. È la mia fotografia. Se dovessi raccontarmi in un titolo, non avrei saputo trovare di meglio. Chissà come si scrive in coreano. Gli organizzatori del mondiale non si pongono questo problema, perché mi accolgono all'aeroporto di Seul con un cartello di benvenuto senza soprannomi o aggettivi: «Welcome Froz to Red Bull BC One World Final!».

Dopo dodici ore di viaggio e tre film per accompagnarlo, arrivo nella capitale proiettata nel futuro, che è almeno di otto ore, visto che tanto è il lasso di tempo del fuso orario in avanti. Dopo una sosta in hotel, mi portano al briefing, dove parlo con il campione russo, ritrovando il piacere di farlo nella mia lingua madre. Poi trascorriamo un'intera giornata con Nika Kramer, una tra i più celebri fotografi di Red Bull. Facciamo un servizio nei punti più caratteristici e rappresentativi della città, come il Gyeongbokgung o la Seoul Tower, e anche riprese video per un documentario sul breaking. Alberto, l'operatore di Mediaset, si ferma concentrandosi sul mio outfit. La felpa con la bandiera dei partigiani non va bene, andrà oscurata in fase di montaggio video. La mannaia della censura italiana si abbatte anche in Corea del Sud.

La mannaia del sorteggio della fase finale, invece, si abbatte su di me, perché mi trovo di fronte Mounir, il campione del mondo in carica. Sono insolitamente tranquillo, come se il titolo di campione europeo mi avesse infuso l'esperienza per affrontare chiunque, in qualunque circostanza. Ho solo una domanda nella testa, mentre aspetto che la puntina del deejay scenda sul giradischi per iniziare la battle: Cosa ti aspetti da questa sfida? Nessun rimpianto. Questa è la risposta. Balla senza trattenere nulla, mi dico, metti sul palco tutto quello che hai. Così faccio, anche se, forse, il serbatoio delle energie nervose non è pieno. Vince Mounir, ma non riesco a essere deluso, né triste. Se lo merita e, infatti, arriva in finale, perdendola contro Hong 10, già campione del mondo in passato, che bissa il titolo come aveva fatto soltanto un altro breaker nella storia della competizione, il francese Lilou. Questo basta a comprendere il livello in cui mi sono dovuto esprimere.

Dal parchetto di Conversano al palco del campionato del mondo contro i più forti b-boys della Terra. Affacciandomi sulla coscienza, non posso rivelarle la mia soddisfazione: io sono a posto così.

Ho mostrato al mondo cosa so fare e lo hanno visto tutti, anche quelli che non seguono ossessivamente questa danza, come una delle autrici del programma televisivo *Tú Sí Que Vales*.

«Ti va di partecipare alla nostra trasmissione?» mi chiede con uno slancio entusiastico che suppone contagioso, ma che sbatte contro la mia reazione.

«No, scusa, non mi piace come fate apparire la breakdance nel programma. Sfruttate i ragazzi che hanno sputato sangue per arrivare a quel livello e li fate esibire come tori nell'arena, presi in giro da Zerbi e senza offrire niente in cambio.»

«Guarda» mi corregge. «Sappiamo chi sei, sappiamo che hai vinto il campionato europeo nel 2013. A che condizioni verresti?»

Questa è una forma di esplicito apprezzamento, e cambia tutto. Non mi aspettavo un approccio così professionale e rilancio con la mia proposta.

«Verrei per questa somma.»

Avevo sottostimato il suo apprezzamento.

«Te ne do il doppio.»

Qualche anno dopo vengo chiamato anche ad *Amici*, il programma di Canale 5, per preparare la coreografia di un ragazzo in gara. Mi sento molto a mio agio in mezzo al talento, che so riconoscere con una spiccata predisposizione. Mowgly, per esempio, il b-boy calabrese su cui avevo puntato, è diventato campione italiano nel 2016. Negli studi Mediaset a Roma, passo quattro giorni con giovani di talento e una conduttrice che trasuda professionalità. Maria De Filippi è impeccabile, seria e affabile, intransigente e accogliente. Come i fuoriclasse dello sport, fa apparire facile ciò che per molti è proibitivo.

Ci accomuna la dedizione maniacale al lavoro, la passione e… la nazionalità. Anch'io, finalmente, sono diventato italiano. Ci sono voluti più di vent'anni in Italia, due titoli nazionali e uno internazionale con la bandiera tricolore sotto il mio nome, che, però, non hanno inciso minimamente nella formalizzazione della pratica. Quello che le autorità competenti hanno voluto verificare è la mia capacità reddituale. Tre dichiarazioni dei redditi, con ricevuta dell'Agenzia delle Entrate attestante il corretto versamento all'erario, sono state il definitivo lasciapassare per diventare italiano a tutti gli effetti. Non hanno verificato che non avessi armi o fini sovversivi. L'importante è pagare la tasse, che, fortunatamente, sono sempre di più.

L'evoluzione darwiniana del ballerino, infatti, è la mutazione in insegnante ed è quello che faccio a tempo pieno, investendo anche l'ereditario senso degli affari che forse mi ha trasmesso mio padre.

Ho imparato molto da lui e da Memè, il fratello del famoso rapper Vincenzo da Via Anfossi, affiliato ai Club Dogo. Grazie a lui ho appreso le prime tecniche di comunicazione e vendita di spettacoli, guardavo e ascoltavo molto attentamente quello che succedeva intorno a me, quando la mia vita, nei miei primi anni a Milano, era qualcosa di magico e unico. Abbiamo fatto anche tante date insieme a Max Brigante, che poi è diventato uno speaker di Radio 105, vincitore delle Cuffie d'oro, un premio prestigioso nell'ambito radiofonico. Mi è sempre piaciuto il suo atteggiamento molto pacato e gentile. Il suo modo di parlare mi colpì tanto che, a un certo punto, ho pensato di voler essere un po' come lui. Già mi vedevo: Deejay Froz. Solo che l'accento barese, unito alla bandana con la bandiera della squadra di calcio del Bitonto, non era proprio l'immagine dello speaker perfetto di un network radiofonico.

Ho ripiegato quindi sull'imprenditoria nello spettacolo, trasformando la mia arte in business. Dopo i successi individuali, ho lavorato molto sulla mia immagine e sul gruppo. Nel 2018 abbiamo inaugurato Bandits Dance Studio, la prima accademia professionale di breaking, con un crescente numero di allievi che da anni fanno da connettori tra il passato e il futuro, tra la nostra esperienza e il talento delle nuove generazioni.

Insegnando si impara ed è stata proprio un'allieva a farmi apprendere una lezione fondamentale. Non l'avrei mai immaginato, ma con lei ho capito che tra le meraviglie della vita non c'è solo la breakdance.

20

Aveva ragione Jessica. «Se non fosse per l'età mi avresti già sposato» mi disse nel 2011. Ci siamo rivisti casualmente nel 2020 e da quel momento non mi ha più dato fastidio che si sedesse sulle mie ginocchia, anzi.

Al Battle School, il mio evento di breakdance annuale, stavo al centro della scena con il microfono davanti a mille persone provenienti da tutta Italia. Jessica era vicino a me e la presentai, ricordando l'episodio in cui profetizzò audacemente la nostra relazione.

«Io ero il suo insegnante di breakdance» raccontai. «Le insegnavo passi come questo...»

Roteai sul parquet, fermandomi davanti a lei con un ginocchio a terra e la mano tesa, nella quale mio fratello, che si teneva pronto a entrare in scena, corse a portarmi l'anello.

«Mi vuoi sposare?»

L'applauso dei presenti ha coperto la sua risposta, ma credo abbia detto di sì perché il 6 aprile del 2024 siamo diventati marito e moglie. Alla cerimonia c'erano tanti ospiti: i Bandits, tutti i nostri più cari amici, le nostre famiglie. I miei genitori, mio fratello, mia sorella e Alexander, nostro figlio.

È nato il 31 ottobre del 2022. Gli abbiamo dato un nome importante, come quello di Alessandro Magno, Aleksandr Suvorov, condottiero russo ed eroe nazionale del diciottesimo secolo, e Aleksandr Nevskij, principe noto per la sua vittoria nella «battaglia del lago ghiacciato» combattuta nel 1242 contro i Cavalieri Teutonici. Ma, soprattutto, si chiama come mio padre e come il padre di mio padre. Peccato non abbia potuto conoscere dal vivo il nonno Semion, che liberò Vienna dai nazisti, che liberò suo nipote Roman dai ceppi del dubbio e dell'insicurezza. Nonno se n'è andato nel 2024 e aveva quasi cent'anni, ma, in qualche modo, è sempre vicino. Lo immagino ora in una dimensione celeste nella quale, però, ha mantenuto le caratteristiche terrene. Pattuglia i confini delle nuvole, pronto a liberare il paradiso da un'eventuale invasione o a scendere con il suo esercito, assieme agli angeli dell'apocalisse, per combattere la sua ultima battaglia e liberare eternamente l'umanità.

Mi manca molto, ma non sono mai triste. Quando ci penso sorrido, chiedendomi cosa direbbe al suo nipotino, vedendolo giocare con il papà, suo nipote.

Jessica, vedendolo sdraiato per terra, lo rimprovera: «Alex, smettila di pulire il pavimento con la schiena».

E se non stesse pulendo il pavimento?

Forse sta solamente guardando in alto e forse, un giorno, si chiederà se in alto ci può arrivare. Magari quanto in alto è arrivata la breakdance, proprio dove la vedevo io, sui grandi palchi, quando ancora non andava oltre la strada.

Scoppiò una granata di reazioni contrastanti, quando, nel 2016, venne annunciata alle Olimpiadi giovanili di Buenos Aires, nel 2018. Quando poi, visto il successo, è stata elevata tra le gare di Parigi 2024, pur essendo danza, gli sportivi si sono divisi, anche ferocemente. È giusto. È sbagliato. È degna. È indegna. Io so solo che nella breakdance c'è la vita di chi la fa e nessuna vita è indegna, tantomeno se incarna i valori di quello sport a cui il business si sta lentamente sostituendo nelle discipline più storiche e blasonate.

Immaginarla tra le gare a cinque cerchi, vent'anni fa, era come vedermi laureato. Lei, la breakdance, era roba da strada, come me, che non ne volevo sapere di studiare. Ma lei ha sgobbato (in chi l'ha vissuta) ed è arrivata dove merita. Io pure ho sgobbato e… ebbene sì, mi sono laureato. È successo nel 2020, in Russia, dopo cinque anni di esami raccolti in due viaggi all'anno che facevo verso Mosca con una valigia piena di libri.

Sono arrivato fin lassù, fino alla laurea in giornalismo.

Quindi, sì, figlio mio, guarda pure in alto, perché puoi arrivare dove vuoi…

Sì, figlio mio. Puoi arrivare dove vuoi. Se ci credi, ce la fai.

Se ce l'ho fatta io, ce la puoi fare anche tu.

Devi solo lottare, perché senza lotta non c'è vittoria.

Adesso però alzati, se no mamma si arrabbia.

Finito di stampare nel mese di luglio 2024
per conto di RCS MediaGroup S.p.A.,
da Rotolito S.p.A., via Sondrio 3, Pioltello (Milano)
Printed in Italy